알려줘 인천 위인!

우리 고장 위인 찾기
알려 줘 인천 위인!

1판 1쇄 발행 2018년 4월 5일 | **1판 6쇄 발행** 2025년 1월 10일

글 김은빈 | **그림** 서선미

펴낸이 권준구 | **펴낸곳** (주)지학사
편집장 김지영 | **편집** 박보영 이지연 | **디자인** 최지윤 이혜리
마케팅 송성만 손정빈 윤술옥 이채영 | **제작** 김현정 이진형 강석준 오지형
등록 2010년 1월 29일(제313-2010-24호) | **주소** 서울시 마포구 신촌로6길 5
전화 02.330.5263 | **팩스** 02.3141.4488 | **이메일** arbolbooks@jihak.co.kr
ISBN 979-11-6204-022-5 74990
ISBN 979-11-6204-005-8 74990(세트)
잘못된 책은 구입하신 곳에서 바꿔 드립니다.

 제조국 대한민국   **사용연령** 8세 이상
KC마크는 이 제품이 공통안전기준에 적합하였음을 의미합니다.

 아르볼은 '나무'를 뜻하는 스페인어. 어린이들의 마음에 담긴 씨앗을 알찬 열매로 맺게 하는 나무가 되겠습니다.
홈페이지 www.jihak.co.kr/arbol | **포스트** post.naver.com/arbolbooks

펴냄 글

사회 공부의 첫걸음은
《우리 고장 위인 찾기》와 함께

이제 막 3학년이 된 아이들에게 '사회'란 매우 낯설고 어려운 개념일 거예요. 처음 만나는 사회, 쉽고 재미있게 배울 수 있는 방법이 없을까요?
《우리 고장 위인 찾기》시리즈는 초등학교 사회 교과서의 첫 내용인 '우리 고장'을 통해 사회의 개념과 의미를 깨닫도록 만들었습니다. 고장의 위인과 함께 옛이야기, 문화유산, 지역 정보를 풍부하게 담았지요. 이 책과 함께라면 우리 고장을 더 잘 이해하고 사랑하게 되는 것은 물론, 역사와 지리에 관한 지식까지 쌓을 수 있을 거예요. 초등학교 사회, 《우리 고장 위인 찾기》로 시작해 보세요.

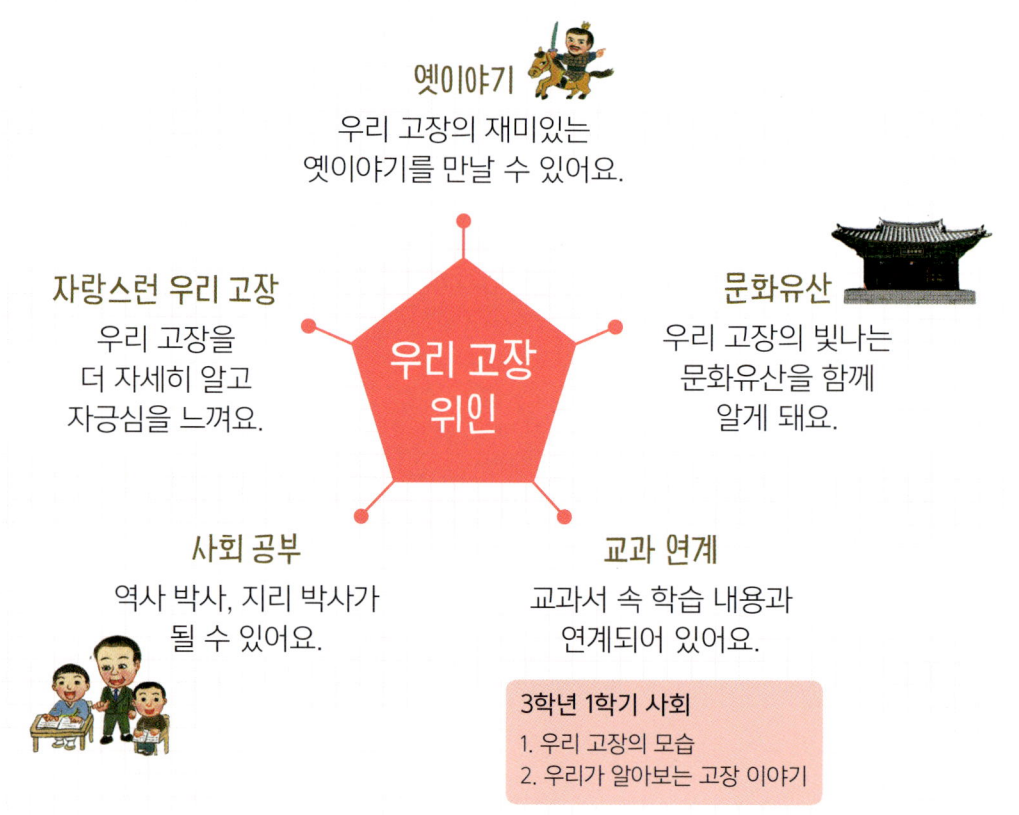

옛이야기
우리 고장의 재미있는 옛이야기를 만날 수 있어요.

자랑스런 우리 고장
우리 고장을 더 자세히 알고 자긍심을 느껴요.

문화유산
우리 고장의 빛나는 문화유산을 함께 알게 돼요.

사회 공부
역사 박사, 지리 박사가 될 수 있어요.

교과 연계
교과서 속 학습 내용과 연계되어 있어요.

우리 고장 위인

3학년 1학기 사회
1. 우리 고장의 모습
2. 우리가 알아보는 고장 이야기

학교 공부에 활용하는
《우리 고장 위인 찾기》

● **학교 숙제와 조사에 활용해요.**

우리 고장 위인과 옛이야기를 찾아야 한다고요?
《우리 고장 위인 찾기》가 있다면 걱정 없어요.
알짜만 쏙쏙 뽑아낸 위인 정보는 물론 재미있는 이야기가 실려 있어요.

● **생생한 역사 체험 학습을 떠나요.**

우리 고장에 남겨진 위인의 발자취는 체험 학습의 훌륭한 길잡이가 될 거예요.
위인과 관련된 유적지부터 고장의 명소와 축제까지 다양하게 소개합니다.

 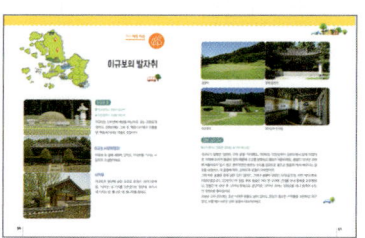 

차례

인천 소개 | 인천은 어떤 곳일까? · 8

01
우리 민족 최초의 나라 '고조선'을 세운 왕
단군 | 10

02
백제를 강하게 만든 왕
근초고왕 | 18

03
당나라의 공격을 막아 낸 고구려 장수
연개소문 | 26

04
백령도에서 후백제군의 공격을 막은 장수
유금필 | 34

05
고려를 대표하는 문학가
이규보 | 42

06
약 50년간 벼슬을 한 조선의 재상
김재로 | 52

07
프랑스 군대를 무찌른 조선의 영웅
양헌수 | 60

08  암행어사와 학자로서 큰 발자취를 남긴 선비
이건창 | 70

09  독립과 통일을 위해 몸 바친 지도자
김구 | 78

10  시각 장애인을 위해 한글 점자를 만든 사람
박두성 | 88

11  독립운동과 진보 정치에 헌신한 지도자
조봉암 | 96

12  한국 최초의 세계 일주 여행가
김찬삼 | 104

위인 따라 인천 체험 학습 · 112
더 알아보는 위인 | 우리도 인천 위인이야! · 114
인천 위인 찾기 · 116

인천 소개

인천은 어떤 곳일까?

여기예요!

인천의 역사

삼국 시대에 인천은 '미추홀'로 불렸어요. 인천에 있는 섬 강화도는 고려 시대에 몽골이 침략해 오자 임시 수도가 되기도 했어요. 조선 시대 초기에 인천의 이름은 '인주'였어요. '인천'이라는 이름은 조선의 세 번째 왕인 태종이 다스리던 1413년에 처음 생겼어요. 인천이 큰 도시로 성장한 것은 1883년, 나라에서 인천에 있는 제물포를 외국 배가 드나드는 항구로 발전시키면서예요. 오늘날 국제적인 항구 도시로 발전한 인천은 지역이 점점 넓어지고 인구가 늘어나, 1949년 '인천시'가 되었어요. 1995년에는 '인천광역시'가 되었지요.

인천의 자연

인천은 서해와 닿아 있는 항구 도시예요. 또 강화도, 백령도, 영종도 등 많은 섬이 있는 도시입니다. 그중 영종도는 국제공항이 있는 섬으로 유명해요. 인천의 산으로는 계양산, 문학산, 소래산 등이 있어요. 인천 시내를 흐르는 하천들은 대부분 길이가 짧고 서해로 흘러가요. 인천의 대표적인 평야인 부평평야에는 인천의 성장에 발맞춰 많은 집과 공장이 들어섰답니다.

인천의 문화유산

인천에는 국보, 보물, 사적 및 명승지, 천연기념물 등 국가 지정 문화재가 여럿 있어요. 인천시가 지정한 문화재와 기념물도 많이 있지요. 강화도에만 해도 고인돌 유적, 마니산, 고려 궁궐 터 등 우리나라에서 유명한 문화유산이 여럿 있답니다. 강화 고인돌 유적은 유네스코 세계 문화유산으로도 지정됐어요. 현대에 와서 인천에는 다른 지역 사람들도 많이 찾는 명소가 여럿 생겼어요. 월미도, 소래 포구, 을왕리 해수욕장, 차이나 타운이 유명해요.

인·천·위·인 | 01

우리 민족 최초의 나라 '고조선'을 세운 왕

단군

고조선 | 기원전★ 약 2370년 ~ ? | 왕

★ **기원전** 예수가 태어난 해(1년)를 기준으로 그 이전의 시기. 그 이후의 시기는 기원후라고 함

안녕! 나는 단군이란다. 한민족의 후손들을 만나서 참 반갑구나! 한민족은 예로부터 한반도에 살았던 민족을 말해. 인천에는 나를 기념하는 유명한 문화재가 있어.

인물 소개

단군 신화에 따르면 단군은 한반도 북쪽에 조선이란 나라를 세웠어요. 단군이 세운 조선은 1392년에 이성계가 세운 조선과 이름이 같기 때문에, '오래된 조선'이라는 뜻의 '고조선'으로 불러요. 고조선의 수도는 '왕이 사는 도시'라는 뜻의 '아사달'이었어요. 오늘날 북한의 평양 또는 황해도에 있는 구월산 지역이라고 추측해요.

단군의 이모저모

특기 새 나라를 안정된 나라로 발전시키기

시대 고조선

별명 우리 민족의 시조★

★ **시조** 한 나라나 집안의 맨 처음이 되는 조상

 우리가 알아야 할 **단군** 이야기

한민족 첫 번째 왕의 탄생

 단군의 업적 이야기

단군은 뭘 했을까?

한민족 최초의 나라를 세움

환웅이 다스리던 때에는 나라가 생기지 않은 상태였어요. 나라라 하기엔 인구가 적고 땅이 넓지 않았어요. 여러 부족들은 한반도 곳곳에 살고 있었지요. 환웅 부족의 세력은 점점 더 커졌어요. 아버지에 이어 부족 지도자가 된 단군은 기원전 2333년 한민족 최초의 나라인 고조선을 세웠어요. 고조선이 생기면서 우리 민족의 역사도 본격적으로 시작되었어요. 고조선은 점점 인구가 늘고 땅도 넓어졌어요. '8조법'이라고 부르는 8개의 법도 만들었는데, 그중 3개만 지금까지 전해지고 있어요.

단군 영정★ (전라남도 곡성군)

★ **영정** 제사나 장례를 지낼 때 쓰는, 사람 얼굴을 그린 족자

'단군'이라는 이름의 의미

기록에 따르면, 단군은 고조선을 세운 후 1,500년 또는 2,000년 동안 나라를 다스렸다고 해요. 사람은 그렇게 오래 살 수 없어요. 그럼 이 기록을 어떻게 해석해야 할까요? 역사학자들은 단군이란 사람 이름이 아니라, 고조선 시대에 왕을 가리키던 말이었다고 해석해요. 당시엔 '왕', '임금' 같은 말이 없던 시절이었거든요. 그러니까 단군이라는 칭호를 가진 고조선의 최고 지도자가 연달아 왕 자리에 올랐던 것으로 해석해야 해요.

왕이자 제사장

역사책 중엔 단군을 '단군왕검'이라고 기록한 책도 있어요. 단군은 '하늘에 제사를 지내는 사람'이라는 뜻도 있어요. 왕검은 '나라를 다스리는 지도자'를 뜻하고요. 이 사실을 통해서 우리는 단군이 백성을 대표하여 제사를 드리는 일과, 백성 다스리는 일을 모두 하였다는 것을 알 수 있어요. 단군이 살던 시대에는 지도자가 제사장*과 왕의 역할을 동시에 한 경우가 많이 있었답니다.

★ **제사장** 제사 의식을 맡는 우두머리

고조선의 법 중 세 가지를 알려 줄게.
하나, 사람을 죽인 사람은 사형에 처한다.
둘, 남을 다치게 한 사람은 곡식으로 갚는다.
셋, 도둑질을 한 사람은 노비로 삼는데, 용서를 받으려면 돈을 내야 한다.

> **TIP** 고조선은 얼마 동안 한반도에 있었을까?

기원전 2333년에 생긴 고조선은 2천 년 넘는 역사를 이어 갔어요. 기원전 194년경 고조선에선 큰 사건이 일어났어요. 중국 대륙에 있던 나라인 연나라의 지도자 위만이 많은 사람을 데리고 고조선에 건너온 사건이에요. 위만은 당시 고조선을 다스리던 왕을 몰아내고 새 왕이 되었어요.

위만이 왕이 된 후의 고조선을 '위만 조선'이라고 해요. 위만은 중국의 문물을 받아들이고 군사력을 키웠어요. 또 무역을 통해 이익을 남겼지요. 고조선이 멸망한 때는 기원전 108년이에요. 당시 중국을 다스리던 한나라의 공격을 받아 끝까지 싸웠지만 결국 망하고 말았지요.

단군과 함께 보기

단군 이후로 새 나라를 세운 왕들

`삼국 시대`

고구려를 세운 주몽

나는 한반도 북쪽에 고구려를 세웠어. 왕이 된 후의 이름은 동명왕이란다.

백제를 세운 온조

고구려의 왕자였는데, 기원전 18년 오늘날 한강 지역에 백제를 세웠어.

신라를 세운 박혁거세

고조선의 '단군'처럼, '혁거세'는 왕을 뜻하는 말이야. 신라는 훗날 삼국을 통일했어.

`고려`

고려를 세운 왕건

통일 신라 후기, 나라가 혼란스러워지자 '후백제', '후고구려'라는 나라가 생겼단다. 나는 후고구려 궁예의 부하로 있다가, 918년 새 나라 고려를 세웠어.

`조선`

조선을 세운 이성계

나는 고려의 장수였어. 왕과 신하들이 나라를 제대로 다스리지 못하자 1388년 군대를 이끌고 왕을 내쫓았어. 1392년 조선을 세우고 왕 자리에 올랐지.

역사 **체험 학습**

단군의 발자취

참성단

강화 참성단

📍 인천광역시 강화군 화도면

♦ 사적 제136호

강화군에는 마리산 또는 머리산으로도 불리는 마니산이 있어요. 마니산 꼭대기에 돌을 쌓아서 만든 제단인 '참성단'이 있답니다.
《세종실록지리지》에는 '강화도 마니산의 참성단은 단군이 하늘에 제사를 지내던 곳'이라는 기록이 있어요. 이 전통을 이어받아 고려 시대부터 우리 조상들은 참성단에서 하늘에 제사를 드렸답니다. 오늘날에도 마니산 참성단에서는 해마다 단군에게 제사를 올려요. 이 행사를 '개천대제'라고 해요.
강화도에는 참성단 외에도, 단군 전설이 전해 오는 유적이 있어요. 정족산에 있는 '삼랑성(정족산성)'이라는 곳인데, 단군이 세 아들을 시켜서 쌓은 성이라는 전설이 있어요.
단군 관련 유적은 강화도 외에도 곳곳에 있어요. 서울에 있는 '사직단'이라는 곳에는 단군을 모시는 사당인 '단군 성전'이 있어요. 또 북한에 있는 구월산에는 환인, 환웅, 단군 셋을 모시는 '삼성사'라는 사당이 있다고 해요.

삼랑성(사적 제130호)

인·천·위·인 | 02

백제를 강하게 만든 왕

근초고왕

백제 | ? ~ 375 | 왕

백제 제13대 왕인 근초고왕이란다. 내가 다스릴 때 인천은 백제 땅이었어. 바다에 닿아 중국으로 배를 타고 가기 적당했지. 나는 인천에 나루터를 만들어 신하와 군사들을 중국에 보냈단다.

인물 소개

근초고왕은 백제의 전성기*를 이끌었던 왕이에요. 그는 백제 제11대 왕인 비류왕의 아들로 태어났어요. 제12대 왕인 계왕이 세상을 떠난 후, 제13대 왕이 되었어요. 근초고왕은 왕권과 군사력을 강하게 하면서 백제의 힘을 키워 나갔어요. 근초고왕 시대에 백제는 문화와 기술도 발전했답니다.

근초고왕의 이모저모

시대 삼국 시대 (백제)

태어난 곳 한성 (지금의 서울)

직업 왕

성격 신중하고 도전적이에요.

별명 백제 최강의 왕

특기 나라 다스리기, 땅 넓히기

★ **전성기** 세력이 한창 강한 시기

 우리가 알아야 할 **근초고왕** 이야기

나에게는 큰 꿈이 있다!

346년 근초고왕이 백제 제13대 왕이 되었어요. 근초고왕은 왕이 되어 기뻤지만, 백제의 앞날을 생각하면 고민이 많았어요. 우선 왕의 힘이 약한 것이 가장 큰 고민이었어요. 왕이 힘이 약하니 귀족들이 말을 잘 듣지 않았어요.

'왕의 힘이 강해야 강력하게 정책을 밀고 나갈 수 있어. 어떻게 하면 강하게 할 수 있을까? 그래, 내가 훌륭한 지도력을 보여 주어야 해. 그러면 귀족들과 백성들이 나를 존경할 것이고, 자연스럽게 왕의 힘도 강해질 거야!'

당시 백제 귀족 중엔 진씨 성을 가진 집안이 있었어요. 근초고왕은 진씨 집안의 아가씨를 왕비로 정하였어요. 여기엔 이유가 있었어요. 그는 진씨 집안 아가씨와 혼인하면 진씨 집안사람들이 자신을 적극적으로 지지할 것이라고 생각했어요. 근초고왕의 예상이 맞았어요. 왕비를 맞은 후, 진씨 집안은 근초고왕을 지지하는 중요한 세력이 되었거든요.

근초고왕은 신중한 사람이었어요. 그는 예전보다 왕의 힘이 강해졌다고 우쭐하지 않고 새로운 일을 시작했어요. 경제를 발전시키는 일이었어요. 근초고왕은 능력 있는 신하들을 지방으로 보내 다스리게 하였어요. 그러자 경제가 점점 발전하였고, 백성들도 근초고왕을 믿고 따르게 되었어요. 처음에 근초고왕을 못마땅해하던 귀족들도 점점 왕을 잘 따르게 되었지요.

왕, 귀족 그리고 백성이 한마음이 된 덕분에 백제는 전보다 잘사는 나라, 강한 나라가 되었답니다. 왕이 된 지 10여 년 후, 근초고왕이 신하들에게 자신 있게 말했어요.

"나에게는 꿈이 있다! 백제를 강대국으로 만드는 것이다. 준비는 끝났다. 자, 이제 그 꿈을 이룰 차례다!"

근초고왕은 새로운 목표에 도전했어요. 백제의 땅을 넓히는 것이었어요. 근초고왕의 도전은 성공하였어요. 그는 주변 나라의 땅을 하나둘 정복하였답니다. 375년 근초고왕이 세상을 떠났을 때 백제는 한반도에서 가장 강한 나라가 되어 있었어요.

자, 이제 백제는 가장 강한 나라가 될 것이다!

근초고왕의 업적 이야기

근초고왕은 뭘 했을까?

백제의 땅을 넓힘

나라의 힘을 키운 근초고왕은 군대를 이끌고 백제 남쪽에 있던 마한 지역을 정복하였어요. 이로써 백제는 오늘날 전라도 지역 대부분을 지배하게 되었답니다. 이어서 근초고왕은 낙동강 주변에 있던 가야로 쳐들어가, 백제의 땅을 한반도 남쪽까지 넓혔어요. 자신감을 얻은 백제는 강대국 고구려에 도전하였어요. 371년 근초고왕은 직접 군대를 이끌고 고구려의 수도인 평양에 쳐 들어가서 큰 승리를 거뒀어요. 이로써 백제는 고구려를 넘어서는 강대국이 되었답니다.

내가 있을 때 백제는 삼국 중 가장 강했어.

근초고왕은 전쟁을 통해 땅을 넓히는 한편, 일부 나라와는 외교를 통해서 백제의 힘을 키웠어요. 그는 중국 대륙 남쪽에 있는 동진이라는 나라에 사신을 보내서, 동진의 발전한 문화와 기술을 들여왔답니다. 또 서해에서 중국과 무역을 활발하게 하여 경제도 발전시켰어요. 일본과도 친하게 지내는 정책을 추진했지요. 근초고왕은 일본에 사신을 보내 백제의 기술과 문화를 전해 주기도 했어요.

경제와 문화를 발전시킴

일본 왕에게 선물한 칼 '칠지도'

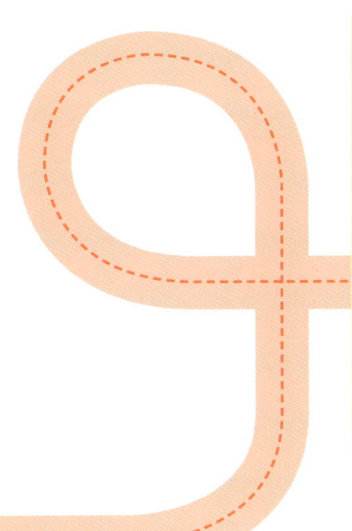

이소노카미 신궁

오늘날 일본의 이소노카미 신궁에는 '칠지도'라는 보물이 있어요. 74.9센티미터 길이의 이 칼은, 7개의 칼날이 있어 '칠지도'라고 해요. 칼날이 많은 데다가 글씨까지 새겨져 있어 백제의 뛰어난 기술력을 보여 줘요. 칼에 새겨진 기록에 따르면, 이 칼은 근초고왕 시대인 369년에 만들어졌고, 근초고왕이 일본의 어느 지역을 다스리던 왕에게 주었다고 해요. 칠지도는 백제와 일본의 교류가 활발했다는 것을 보여 주는 유물이에요.

칠지도

 근초고왕과 함께 보기

근초고왕 시대의 역사 인물

아직기 (?~?) 학자

나는 왕의 명으로 일본에 건너가서 일본 왕자에게 공부를 가르쳐 주었단다. 어느 날 일본 왕이 나에게 "백제에 너보다 훌륭한 학자가 있느냐?"라고 묻더구나. 그래서 왕인을 소개해 주었어.

왕인 (?~?) 학자

나는 《논어》와 《천자문》을 가지고 일본에 갔어. 일본 사람들에게 한자와 유학을 가르쳐 주었지. 철을 만드는 기술자, 옷을 만드는 기술자도 함께 갔단다. 우리는 일본에 백제의 학문과 기술을 전해 주었어.

고흥 (?~?) 《서기》를 쓴 학자

어느 날 근초고왕은 나에게 "우리 백제는 역사가 오래된 나라인데 아직 역사책이 없다. 네가 책을 쓰도록 하여라."라고 명령했어. 나라의 역사를 기록한 책은 그 나라의 전통을 보여 주는 소중한 자료란다. 나는 왕의 명령에 따라 백제 최초의 역사책인 《서기》를 썼지.

역사 **체험 학습**

근초고왕의 발자취

옛날 능허대 자리(능허대지)

- 인천광역시 연수구 옥련동
- 인천광역시 기념물 제8호

근초고왕 시대에 백제는 서해를 통해 중국에 배를 보내 물건을 사고팔았어요. 이를 위해 능허대 아래의 바닷가에 '한나루'라는 나루터를 지었지요.

능허대와 나루터는 오늘날 남아 있지 않아요. 하지만 능허대가 있던 자리는 남아 있답니다.

이곳은 근초고왕 27년부터 백제가 수도를 한성에서 웅진(지금의 충청남도 공주)으로 옮길 때까지, 백제에서 가장 중요한 항구였어요.

능허대가 있었던 자리에는 현재 작은 공원이 있어요. 또 인천시 연수구는 해마다 '능허대 축제'를 열고 있어요. 능허대의 이름을 딴 초등학교도 있답니다.

인·천·위·인 | 03

당나라의 공격을 막아 낸 **고구려 장수**

연개소문

고구려 | ? ~ 665 | 장군

고구려는 한반도 북쪽에 있는 나라였어. 예로부터 전해 오는 전설에 따르면, 너희들이 사는 인천은 나와 관련이 있어. 나는 고구려 말에 최고 권력자였단다. 또 용감하고 똑똑한 장군이었어.

인물 소개

전설에 따르면 연개소문은 강화도 고려산 근처에서 태어났다고 해요. 귀족이었던 연개소문은 아버지가 세상을 떠난 후 벼슬을 물려받았어요. 642년 연개소문과 권력 다툼을 벌이던 일부 귀족들이 그를 죽이려고 했어요. 이것을 미리 안 연개소문은 반란을 일으켜, 왕과 귀족들을 몰아냈어요. 그는 보장왕을 새 왕에 앉힌 후, 최고 권력자가 되었어요.

연개소문의 이모저모

특징 가장 높은 벼슬인 대막리지에까지 올랐어요.

태어난 곳 강화도에서 태어났다는 전설이 전해 와요.

성격 용감하고 자존심이 강해요.

직업 장군

특기 나라 지키기

우리가 알아야 할 **연개소문** 이야기

당나라야, 올 테면 와라!

644년 중국 대륙을 다스리던 당나라 황제가 고구려에 사신을 보냈어요. '앞으로 당나라 말을 잘 들어라.'라고 협박을 하기 위해서였어요. 당시 고구려의 최고 권력자였던 연개소문은 당나라 사신을 꾸짖었어요.

"우리 고구려는 과거에 중국 대륙을 다스리던 수나라의 공격도 거뜬하게 막아 냈다. 당나라 너희가 뭔데 우릴 협박하느냐?"

연개소문은 당나라 신하를 감옥에 가두었어요. 고구려에는 보장왕이라는 왕이 있었지만, 실제로 가장 큰 권력을 쥐고 있던 사람은 연개소문이었답니다.

"연개소문이 감히 내 명령을 거스른다고? 용서할 수 없다."

연개소문의 반응에 화가 난 당나라 황제는 약 10만 명의 병사를 고구려에 보냈어요. 이때 고구려는 한반도 북쪽과, 현재 중국 땅인 만주 지역 일부를 거느린 큰 나라였어요. 당나라 군대는 만주 지역에 있는 고구려의 성 몇 개를 정복하는 데 성공했어요. 당나라는 이대로라면 얼마 안 가 고구려의 수도인 평양까지 정복할 수 있을 거라고 생각했어요.

예상은 빗나갔어요. 만주 지역에는 안시성이라는 고구려의 성이 있었어요. 안시성을 지키는 병사들은 끈질기게 당나라의 공격을 막아 냈어요. 3일 연달아 당나라가 벌인 총공격은 모두 실패했어요. 이후에도 당나라는 몇 번 더 안시성을 공격했지만 안시성을 무너뜨리지 못했어요.

그러는 사이 찬바람이 부는 겨울이 되었어요. 당나라 군대의 식량은 점점 바닥을 드러냈어요. 결국 당나라는 고구려 정복을 포기하고 돌아갔어요.

이때 연개소문은 무엇을 했을까요? 조선 시대 후기에 태어난 역사학자 신채호는 《조선 상고사》라는 책에서 연개소문이 작전을 잘 짰기 때문에 고구려가 승리할 수 있었다고 했어요. 《조선 상고사》에 나온 주요 내용은 다음과 같아요.

당나라의 공격으로 만주에 있던 고구려의 성이 몇 개 무너진 것은 연개소문의 작전에 따른 것이었다. 연개소문은 처음부터 안시성에서 최종 결판을 내기로 하고, 뛰어난 병사와 많은 무기를 안시성에 모아 놓고 당나라 공격을 막아 냈다.

연개소문이 지혜로운 작전으로 당나라의 공격을 막아 낸 것이지요.

 **연개소문**의 업적 이야기

연개소문은 뭘 했을까?

강경책이란, 타협이나 양보 없이 힘 있고 굳세게 밀고 나아가는 정책을 말해요. 연개소문이 다스릴 때 고구려의 경쟁 국가는 중국의 당나라, 한반도 남쪽에 있던 신라와 백제였어요. 연개소문은 이 나라들에게 강경책을 썼어요. 그래서 고분고분 말을 들으라는 당나라의 요구에 무릎 꿇지 않고 맞서 싸운 거예요. 고구려는 동맹을 맺자는 신라의 요구도 거절했어요.

전쟁을 피하려면 타협할 필요도 있어요. 연개소문도 늘 강경책만 쓴 것은 아니었어요. 한창 당나라와 대립할 때 연개소문은 당나라 주변의 나라들과 동맹 관계를 맺어 당나라에 맞서려고 시도했어요. 결과적으로 그의 정책은 성공했어요. 그가 고구려를 다스리는 동안, 고구려는 이웃 나라에게 정복당하지 않았으니까요.

강경책으로 고구려를 지킨 지도자

나는 고구려 땅을 지키기 위해 여러 작전을 펼쳤어!

도교를 받아들임

삼국 시대에 가장 많은 사람들이 믿는 종교는 불교였어요. 불교는 인도에서 석가모니가 만든 종교랍니다. 연개소문은 최고 권력자가 된 후, 보장왕에게 도교라는 새 종교를 받아들일 것을 요구했어요. 도교는 중국에서 노자라는 사상가가 만든 종교예요. 자연의 이치에 따라 마음을 닦는 종교였지요. 이 정책으로 도교의 경전*인 《도덕경》 같은 책이 고구려에 전해졌어요. 도교 사상은 훗날 우리나라 문화에 많은 영향을 미쳤어요.

★ **경전** 종교의 원리나 이치를 적은 책

> 662년 다시 당나라 공격을 막아 냄

660년 당나라는 신라와 힘을 합쳐 백제를 멸망시켰어요. 이어서 당과 신라 연합군은 고구려에 쳐들어와, 고구려 수도인 평양성 근처까지 공격했어요. 이때 고구려는 공격을 잘 막아 냈답니다. 662년 당나라는 또 고구려를 공격했어요. 이때 연개소문은 직접 부대를 지휘하여 당나라와의 싸움에서 승리를 거뒀답니다.

> 천리장성을 쌓음

중국에는 만리장성이 있어요. 만리장성의 '만리'는 '10,000리'라는 뜻이에요. '리'는 옛날에 거리를 재던 단위로, 1리는 요즘 기준으로 약 392미터예요.

중국에 만리장성이 있다면 우리나라엔 천리장성이 있어요. 우리나라 역사에 천리장성은 두 번 나와요. 고구려가 당나라 공격에 대비하여 쌓았다는 천리장성과 고려 시대에 쌓았다는 천리장성입니다. 연개소문은 천리장성을 쌓는 현장에서 지휘자로 일하였는데, 이때 군사 반란을 일으켜 최고 권력자가 되었답니다.

 **연개소문**과 함께 보기

연개소문의 맞수와 아들

양만춘 (?~?) 연개소문의 맞수·안시성 전투의 영웅

안녕! 나는 당나라가 고구려에 쳐들어왔을 때 안시성을 지킨 장수인 양만춘이란다. 어떤 역사책에는 연개소문이 작전을 잘 짜서 고구려가 승리했다고 기록되어 있어. 하지만 내 생각은 조금 달라. 고구려가 승리할 수 있었던 가장 큰 이유는 나를 중심으로 해서 고구려 병사들이 안시성에서 끈질기게 당나라에 맞서 싸웠기 때문이라고 생각해.

양만춘　연개소문

연남생 (634~679) 연개소문의 맏아들

아버지께서 세상을 떠나신 뒤, 내가 그 자리를 이어받아 최고 지도자가 되었어. 그런데 내가 평양성을 비운 사이 동생들이 반란을 일으켜 평양을 차지했지 뭐야. 남건과 남산, 이 버릇없는 녀석들!

나는 빼앗긴 자리를 되찾기 위해 당나라 편이 되어, 고구려를 상대로 싸웠단다. 결국 고구려는 668년 당나라와 신라 연합군에게 져서 멸망하고 말았어.

나와 내 동생들은 고구려의 멸망에 큰 책임이 있어. 우리 삼 형제는 고구려를 이끌던 지도자들이었어. 전쟁 같은 위기 상황에서 지도자들은 힘을 합쳐야 하는데, 우리 형제들은 적이 되어 싸웠잖아. 우리의 분열이 고구려의 힘을 약하게 만들었고 결국 멸망의 길로 이끈 거지.

역사 **체험 학습**

연개소문의 발자취

연개소문 유적비와 그 주변

📍 인천광역시 강화군 하점면

연개소문은 강화도에 있는 고려산 기슭에서 태어났다고 해요. 고려산에 있는 시루봉 중턱에는 연개소문이 살던 집이 있었고, 근처에는 연개소문이 말을 타고 달렸다는 '치마대'도 있었다고 해요. 1993년 강화도의 주민들은 이 전설을 기억하기 위해, '고구려 대막리지 연개소문의 유적비'를 세웠어요.

이 비석 근처에는 역사 체험 학습을 할 곳이 많아요. 먼저 '강화 역사 박물관'이 있어요. 청동기 시대부터 조선 시대까지의 강화도 역사를 한눈에 볼 수 있는 곳이에요. 박물관 근처에는 고인돌 유적도 있어요. 강화도 고인돌 유적은 세계적으로도 가치가 커요. 그래서 유네스코는 이것을 세계 문화유산으로 지정하였어요.

고려산

강화 역사 박물관

강화 부근리 지석묘(사적 제137호)

인·천·위·인 | 04

백령도에서 후백제군의 공격을 막은 장수

유금필

고려 | ? ~ 941 | 장수

나는 고려 초기의 장수야. 인천시 옹진군에 속한 섬인 백령도에서 유명한 인물이지. 잠시 이곳에 살 때 후백제 군대가 배를 타고 와 고려를 침략했어. 이때 주민들과 힘을 모아 고려를 지켰어.

인물 소개

유금필의 어린 시절에 대한 역사 기록은 없어요. 그는 왕건이 918년 고려를 세울 때부터 왕건의 부하 장수로 활약했어요. 용감하고 작전을 잘 짜서 전투에 나가면 늘 승리했어요. 그래서 왕건이 크게 아꼈답니다. 왕건이 그를 아끼자, 일부 신하들이 질투하여 유금필의 잘못을 거짓으로 보고한 적이 있어요. 이 때문에 유금필은 한동안 백령도에서 지내야 했어요.

유금필의 이모저모

- **시대**: 후삼국★ 시대 (고려)
- **특기**: 전투, 작전 짜기
- **직업**: 장수
- **별명**: 용감한 장수, 백전백승 장군
- **특징**: 왕건의 부하이자, 장인★

★ **후삼국** 통일 신라 말기의 신라, 후백제, 후고구려
★ **장인** 아내의 아버지

우리가 알아야 할 **유금필** 이야기

전하, 걱정하지 마십시오!

"유금필은 고려의 영웅이야!"
"그럼! 전투에 나가면 늘 승리하니까."

931년 고려 백성들 사이에서 유금필은 이처럼 유명했어요. 고려를 세우고 임금이 된 왕건(태조)도 유금필을 아꼈답니다. 왕건이 918년 새 나라 고려를 세운 후, 유금필이 전투에서 여러 번 승리를 거둬 고려의 힘을 강하게 해 주었기 때문이에요.

그런데 신하 중에는 유금필이 출세하는 것을 질투하는 사람들이 있었어요. 어느 날 이들은 음모를 꾸며 유금필이 잘못을 저질렀다고 거짓으로 보고했어요. 신하들의 말에 넘어간 왕건은 931년 유금필을 서해에 있는 섬인 곡도(지금의 백령도)에 귀양★ 보냈어요.

그런데 932년 고려의 경쟁 국가인 후백제 군대가 배를 타고 서해안 북쪽으로 올라와 고려 땅을 침략하였어요. 고려군은 후백제군의 기습 공격에 피해를 입었어요. 백령도에 살던 유금필은 이 소식을 듣고 얼른 섬 주민들을 모았어요.

"여러분, 우리가 힘을 모아 마을과 나라를 위해 싸웁시다."

백령도 주민들은 유금필의 말에 따라 군대를 조직하였어요. 고기 잡는 배는 전투할 수 있는 배로 고쳤지요. 며칠 후 유금필이 이끄는 부대는 후백제 군대

★ **귀양** 죄인을 먼 시골이나 섬으로 보내 살게 하던 벌

와 전투를 하여 큰 승리를 거두었어요. 살아남은 후백제 군대는 배를 타고 남쪽으로 도망쳤어요. 승리 후 유금필은 왕건에게 편지를 보냈어요.

"전하, 걱정하지 마십시오! 섬의 주민들과 함께 침략자들을 물리쳤습니다."

편지를 읽은 왕건이 말했어요.

"몇몇 신하의 말을 믿고 유금필을 섬으로 내쫓은 내 행동은 참으로 어리석은 것이었다. 유금필이야말로 충신이구나. 여봐라, 당장 사람을 보내 유금필을 데려오도록 하라."

왕건의 명령에 따라 유금필은 누명을 벗고 고려의 수도인 개경으로 돌아왔어요. 유금필을 만난 왕건이 말했어요.

"그대는 죄도 없이 섬에서 귀양살이를 했는데, 나를 원망하지도 않고 오로지 고려의 안전을 걱정하였구나. 참으로 고맙다!"

유금필의 업적 이야기

유금필은 뭘 했을까?

후백제와의 많은 전투에서 승리

백령도

후삼국 시대에 고려는 신라와는 평화로운 관계를 유지하고, 후백제와는 적대적인 사이로 지냈어요. 고려와 후백제는 많은 전투를 벌였는데 유금필은 925년의 '조물성 전투', 928년의 '청주 전투', 930년의 '고창(지금의 경상북도 안동) 전투', 931년의 '백령도 전투' 등에서 승리를 거두었어요. 유금필의 연이은 승리는 훗날 고려가 후백제를 정복하고 후삼국을 통일하는 데 큰 힘이 되었어요.

고려의 후삼국 통일에 공을 세움

936년 고려는 일선 지방(지금의 경상북도 구미)에서 후백제 군대와 다시 맞붙었어요. 이때 후백제의 왕은 신검이었어요. 왕건은 8만 명이 넘는 대군을 조직하였어요. 이때 유금필은 부사령관 역할을 하였답니다.
마침내 두 나라 군대가 맞붙었어요. 5천 명이 넘는 후백제 병사들이 죽은 후, 신검은 자기 나라로 후퇴하였어요. 왕건은 신검을 쫓으라는 명령을 내렸고, 유금필 등 고려의 장수들이 군대를 이끌고 후백제 땅으로 쳐들어갔어요. 그러자 신검은 더 이상 싸우지 않고 항복하였어요. 이로써 후백제는 멸망하였고, 고려는 후삼국을 통일했답니다.

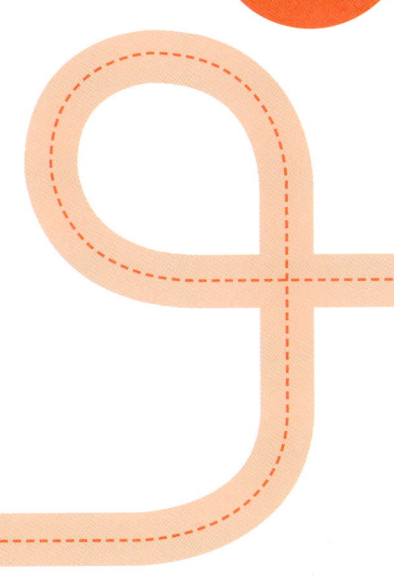

위기에 빠진 신라를 구함

933년 후백제의 왕 견훤은 군대를 신라의 수도인 경주로 보냈어요. 경주가 후백제에 정복당할 경우, 고려는 큰 타격을 입을 게 뻔했어요. 왕건은 유금필에게 신라를 구하라는 명령을 내렸어요. 유금필은 용감한 군인들을 데리고 경주로 달려갔어요. 백전백승의 장수인 유금필이 온다는 소식을 들은 후백제 군대는 겁을 먹고 신라 침략을 포기하고 후퇴했지요.

유금필이 경주에 도착하자 신라 사람들은 "장군이 아니었다면 우리는 이미 죽은 목숨이었을 것입니다."라며 유금필에게 감사의 뜻을 전했어요. 며칠 후 경주에서 고려의 수도인 개경으로 돌아가던 유금필 군대는 후백제군을 만나 전투를 벌였어요. 이 전투에서도 유금필 군대는 승리를 하였답니다.

작전을 잘 짜고 용기를 내서 싸운다면 반드시 승리할 것이다!

TIP 왕건의 아내가 많은 이유

왕건은 고려를 세운 후, 첫 번째 부인 외에도 28명의 여성을 아내로 맞았어요. 그 중엔 왕건의 아홉 번째 부인이 된 유금필의 딸도 있답니다.

왕건이 이처럼 아내를 많이 둔 이유는 무엇일까요? 지방의 힘 있는 세력인 호족이나 공신*의 딸을 부인으로 맞아, 호족과 공신들을 확실하게 자기 편으로 만들려는 목적에서였답니다. 이로써 왕권을 강하게 할 수 있었어요.

★ **공신** 나라를 위하여 특별한 공을 세운 신하

왕건

 유금필과 함께 보기

백령도에 전해 오는 이야기

심청이 몸을 던진 인당수

백령도는 옹진군 백령면에 속하는 섬이에요. 우리나라 서북쪽 끝부분에 있는 외딴섬이지요. 백령도에는 바다와 관계있는 이야기가 많이 전해 와요. 《심청전》도 백령도와 관련이 있어요. 심청은 아버지를 위해 '인당수'라는 바다에 빠졌다가, 용왕의 도움으로 목숨을 구하고 큰 복을 받아요. 많은 학자들은 인당수가 백령도 근처의 바다라고 추측해요. 백령도에는 심청을 기념하기 위해 세운 '심청각'이라는 건물이 있어요. 또 '심청 테마파크'가 있고, 해마다 '백령도 심청 연꽃 축제'도 작게 열린답니다.

거타지 설화

《삼국유사》에도 백령도와 관련된 이야기가 나와요. 거타지는 신라가 당나라에 보내는 사신을 호위하는 신라 병사였어요. 사신 일행은 배를 타고 가다가 백령도 근처 바다에서 폭풍을 만나 오도 가도 못하는 신세가 되었어요. 사신이 제사를 드리니까, 한 노인(용왕)이 나타나 '한 사람을 섬에 남겨 두고 가면 바다가 잔잔해질 것'이라고 했어요. 제비뽑기로 섬에 남을 사람을 정했는데, 거타지가 뽑혔어요. 섬에 혼자 남은 거타지는 백령도에서 마법을 부리는 여우와 결투하게 돼요. 결투에서 승리한 거타지는 그 보답으로 용왕의 딸을 아내로 맞이하고 큰 상을 받았답니다.

역사 **체험 학습**

나와 관련 있는 장소를 소개할게!

유금필의 발자취

유금필 사당

유금필 사당이 있는 '부여 가림성'

◆ 충청남도 부여군 임천면
◆ 사적 제4호(부여 가림성)

사당은 조상에게 제사를 지내는 곳을 말해요. 유금필 사당은 충청남도 부여군에 있는 '가림성'이라는 산성에 있어요. 이곳에 유금필의 사당이 세워진 것은, 유금필이 후백제 군대와 싸울 때 이 지역에서 가난한 사람들을 도와준 것을 기념하기 위해서라고 해요.

가림성은 501년 백제가 세운 성이에요. 백제는 수도였던 사비성을 지키기 위해 금강 하구에 있는 성흥산에 돌로 이 성을 쌓았어요. 가림성은 지금도 잘 보존되어 있고, 주변 경치가 아름다워 드라마 〈서동요〉의 촬영 장소가 되기도 했답니다. 예전에 가림성은 성흥산성으로 불리기도 했어요. 성의 남쪽 문 근처에는 나이가 400살이 넘는 큰 느티나무도 있답니다.

부여 가림성 느티나무

인·천·위·인 | 05

고려를 대표하는 문학가
이규보

고려 | 1168 ~ 1241 | 문신, 문학가

안녕! 나는 이규보라고 해. 고려를 대표하는 문학가로 유명하지. 내가 쓴 글 중에서 가장 유명한 작품은 〈동명왕편〉이라는 장편 시야. 나는 벼슬살이를 하면서, 오늘날 인천에 있는 강화도에서 오래 살았단다.

인물 소개

아홉 살부터 공부를 시작했는데, 이때부터 글을 잘 썼어요. 젊은 시절부터 문학을 좋아하는 사람들과 친하게 지내며 우정을 나누었어요. 1189년 과거에 합격했지만 높은 벼슬에 오르지는 못하였어요. 1220년 고려 최고 권력자가 된 최우가 이규보의 글솜씨를 인정하면서부터 나라의 중요한 일을 맡게 됐어요. 외교 문서를 많이 쓰며 글재주를 발휘했어요.

이규보의 이모저모

좋아하는 것
시, 거문고, 술

특기
글쓰기

쓴 책
《동국이상국집》 등

대표작
장편 서사시★
〈동명왕 편〉

★ **서사시** 역사적 사건이나 신화, 전설, 영웅의 이야기를 쓴 시

우리가 알아야 할 **이규보** 이야기

우리 민족의 영웅 이야기를 써 보자!

 이규보는 나라에서 일할 사람을 뽑는 시험인 과거에 합격했지만, 당장 벼슬자리를 얻지는 못하였어요. 당시 고려는 정치가 혼란스러웠답니다. 무신들이 권력을 휘둘렀고, 이규보처럼 글을 잘 쓰는 선비는 제대로 대우를 받지 못했어요. 이런 현실에 실망하여 벼슬에 올라 나라를 위해 일하는 것을 포기하고, 시골에서 사는 선비들도 있었지요.

 이규보는 오랫동안 벼슬을 받지 못했어요. 서른두 살이 되어서야 지방에서 일하는 낮은 벼슬을 얻었답니다. 고려의 정치 혼란은 백성들의 불만을 키웠어요. 급기야 1202년 경상도 지방에서 일부 백성들이 정부에 항의하며 난을 일으켰어요. 이때 이규보는 난을 진압*하는 고려 군대에 들어가서, 이런저런 문서를 작성하는 일을 하였어요.

 이 사건을 겪은 후 이규보는 새로운 작품을 썼어요. 고구려를 세운 인물인 주몽을 주인공으로 하는 장편 서사시였어요. 주몽은 고구려를 세운 후 동명왕이 된 인물이에요. 이규보가 동명왕 이야기를 시로 표현하려고 한 데에는 이유가 있었어요. 고려는 고구려를 이은 나라였거든요. 나라 이름이 고려인 것도 그 때문이었지요.

 이규보는 동명왕을 민족의 영웅이라고 생각하였고, 동명왕 이야기를 통해

★ **진압** 힘으로 억눌러 안정시킴

고려의 자랑스러운 전통을 사람들에게 알려 주고 싶었답니다. 아울러 이 작품을 통해서 정치 혼란으로 어렵게 살고 있는 고려 백성들이, 고려에 대한 자부심을 잃지 않기를 바랐어요.

하루가 지나고 이틀이 지나고……. 시간이 날 때마다 시를 적어 나간 이규보는 마침내 4천 자의 한자로 이루어진 긴 시를 완성하였어요. 그는 시에 〈동명왕편〉이라는 제목을 붙였어요.

이규보는 아주 높은 벼슬을 한 인물은 아니에요. 하지만 지금은 교과서에 이름이 나올 정도로 유명해요. 이처럼 역사에는 높은 자리에 오르는 것보다, 남들이 하지 못한 가치 있는 일을 한 사람이 이름을 남기는 경우가 더 많아요. 이규보는 〈동명왕편〉 같은 문학 작품을 쓴 덕분에, 고려를 대표하는 문학가로서 영원히 역사에 남게 되었답니다.

 **이규보**의 업적 이야기

이규보는 뭘 했을까?

나라를 위해 쓴 많은 글

어느 나라든지 글을 잘 쓰는 사람이 필요해요. 특히 외교 문서를 쓸 때나 백성들에게 정부의 정책을 알려 줄 때에 중요해요. 글을 잘 쓰는 사람이 있으면 효과적으로 내용을 전달할 수 있으니까요. 이규보도 벼슬을 하면서 이런 일을 많이 하였어요. 특히 고려가 몽골과 전쟁을 하던 시절에 몽골에 보내는 많은 외교 문서를 작성했어요.

〈동명왕편〉은 나의 문집 《동국이상국집》에 실려 있단다!

고려 문학을 발전시킨 문학 모임

고려 시대에 문학을 좋아한 선비들은 시를 쓰고, 함께 감상하는 모임을 만들었어요. 이런 모임을 시회(詩<small>시</small> 會<small>모일 회</small>)라고 해요. 이규보는 청소년 시절부터 고려의 유명한 선비들이 만든 시회에 참가하였어요. 이 모임에서 그는 자기 작품을 발표하기도 하고, 선배들이 쓴 작품을 감상하기도 하였어요. 이런 활동으로 이규보의 글쓰기 솜씨는 더 좋아졌어요. 또 시회는 고려를 수준 높은 문화 국가로 만드는 데 도움을 주었어요.

시, 소설, 수필 등 다양한 작품을 씀

이규보의 글은 그의 문집 《동국이상국집》에 실려 있어요. 문집이란 글을 모아서 펴낸 책을 말해요. 이규보가 쓴 시는 약 2천 편이나 된답니다. 그는 소설도 썼는데, 〈국선생전〉이란 작품이 유명해요. 이 작품은 술을 사람에 비유하여 쓴 짧은 소설이에요.

《동국이상국집》

독창성이 살아 있는 글

이규보가 고려를 대표하는 문학가가 된 것은 단지 그가 많은 글을 썼기 때문만은 아니에요. 당시 글 좀 쓴다는 선비들 중엔 중국 유명 문학가의 작품을 흉내 내는 사람들이 많이 있었어요. 모방, 즉 흉내를 내는 글쓰기는 좋은 글쓰기가 아니에요. 글 쓴 사람의 독창성이 살아 있는 글이 좋은 글이지요. 이규보는 모방하기보다는 자신의 생각을 독창적으로 표현한 글을 쓰려고 노력하였어요.

TIP 이규보의 호 '백운거사'

고려, 조선 시대에는 부모가 지어 준 이름 외에도, 친구 사이에 편하게 부르는 이름이 있었어요. 이것을 '호' 또는 '자'라고 했어요. 이규보에게도 스스로 지은 호가 있었어요. 백운거사(白雲居士)라는 호예요. 백운거사란, '하얀 구름에 머물고 있는 선비'라는 뜻이에요. 이규보는 또 시, 거문고, 술을 좋아하여 삼혹호선생(三酷好先生)이라고도 불렸어요. '삼혹호(三 석 삼 酷 심할 혹 好 좋을 호)'는 세 가지를 몹시 좋아한다는 뜻이에요.

이규보와 함께 보기

인천이 낳은 유명한 고려의 문학가

이인로 (1152~1220) 고려 후기 문신

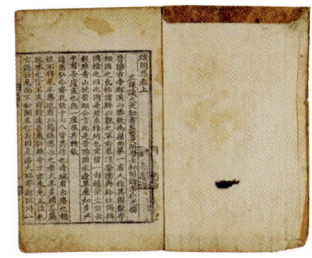

《파한집》

인천의 후손들아! 나는 인천이 고향인 이인로란다. 나는 너희들이 앞에서 읽은 이규보 못지않게 유명한 고려 문학가란다.

나는 어린 나이에 부모님이 돌아가셔서 고아가 되었단다. 고맙게도 어느 스님이 나를 키워 주셨지. 스님과 함께 살면서 부지런히 공부하였고, 스물아홉 살에 과거에 합격하여 벼슬 생활을 시작하였단다.

나는 문학적 재능이 있었고 글을 잘 썼단다. 덕분에 나라를 위한 문서를 작성하는 일을 많이 하였지. 왕이 내린 명령을 글로 정리하는 일도 많이 했단다.

나랏일을 하면서도 시간이 날 때면 시와 소설을 썼어. 또 문학을 좋아하는 선비들도 많이 사귀었어. 내가 쓴 작품들은 《파한집》이라는 문집에 실려 있단다.

60여 년 동안 고려를 다스린
최씨 무신 정권

고려 시대 관리는 크게 문신과 무신으로 나뉘는데, 1170년 무신들이 반란을 일으켜 정권을 잡았어요. 이때부터 1270년까지 100년 동안 무신 지도자가 왕보다 더 큰 권력을 휘두르는 시대가 이어졌어요. 이 시기를 '무신 정권기'라고 해요. 무신들이 반란을 일으킨 이유는 무엇일까요? 당시 고려에서는 문신들이 권력을 차지하고 있었어요. 무신들은 문신들에 비해 차별을 많이 받았지요. 무신을 뽑는 시험도 거의 치러지지 않았고, 무신으로서 승진하기도 어려웠어요. 군사 지휘권조차 문신들이 차지하고는 했지요. 무신들은 이런 차별에 분노해서 반란을 일으켰던 것이랍니다.

1196년 무신 최충헌이 경쟁자 이의민을 누르고 최고 권력자가 되었어요. 최충헌이 죽은 후에는 그의 후손인 최우, 최항, 최의가 연이어 최고 권력자가 되어 약 60년간 고려를 다스렸답니다. 이 정권을 '최씨 무신 정권'이라고 해요.

이규보는 최충헌이 권력을 휘두를 때 벼슬을 얻었어요. 그리고 최충헌의 아들인 최우로부터 능력을 인정받아 여유 있는 벼슬 생활을 할 수 있었어요.

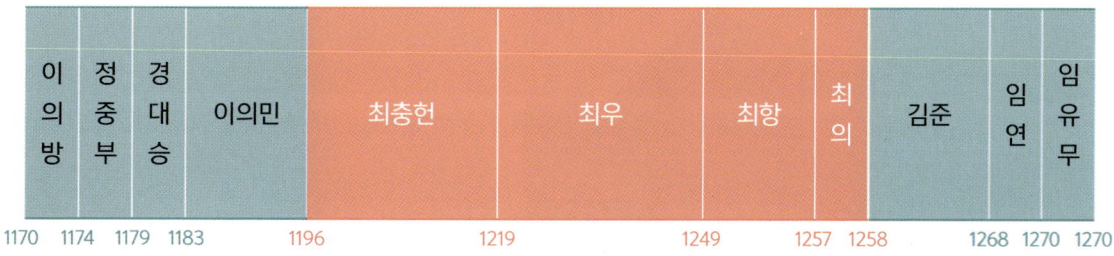

최씨 무신 정권

이의방	정중부	경대승	이의민	최충헌	최우	최항	최의	김준	임연	임유무
1170	1174	1179	1183	1196	1219	1249	1257	1258	1268	1270 1270

역사 **체험 학습**

이규보의 발자취

이규보 묘

📍 인천광역시 강화군 길상면
◆ 인천광역시 기념물 제15호

이규보는 1241년에 세상을 떠났어요. 묘는 강화도에 있지요. 강화도에는 그의 호 '백운거사'에서 이름을 딴 '백운곡'이라는 마을도 있답니다.

이규보 사당(유영각)

이규보 묘 옆에 세워져 있어요. 이규보를 기리는 사당이자 기념관이에요.

사가재

이규보가 말년에 살던 곳으로 묘에서 내려다보여요. '사가'는 네 가지를 갖추었다는 뜻인데, 여기서 네 가지는 밭, 뽕나무, 샘, 땔나무를 말해요.

궁궐터

강화 동종각

외규장각

외규장각 전시실

강화 고려 궁지

📍 인천광역시 강화군 강화읍 ♦ 사적 제133호

이규보가 일했던 '강화도 고려 궁궐' 자리예요. 이규보는 1232년부터 강화도에서 살게 되었어요. 이해에 고려가 몽골의 침략 때문에 수도를 강화도로 옮겼기 때문이에요. 몽골이 1231년 고려에 쳐들어오자 당시 최고 권력자였던 최우는 수도를 강화도로 옮기고 몽골과 계속 싸운다는 결정을 내렸어요. 이 결정에 따라, 강화도에 궁궐이 지어졌어요.

그때 지은 궁궐은 현재 남아 있지 않아요. 그러나 궁궐이 있었던 자리(궁지)는 사적 제133호로 지정되었답니다. 1231년의 1차 침입 후에 몽골은 여러 번 고려에 군대를 보내 항복을 요구했어요. 전쟁은 약 40년 후, 고려의 항복으로 끝났어요. 1270년 고려는 강화도를 떠나 원래의 수도인 개경으로 돌아갔어요.

오늘날 고려 궁지에는 조선 시대의 유물도 남아 있어요. 왕실의 중요한 서적들을 보관하던 외규장각, 보물 제11-8호인 강화 동종이 대표적이에요.

인·천·위·인 | 06

약 50년간 벼슬을 한 조선의 재상

김재로 조선 | 1682~1759 | 문신

인천에 사는 후손들아, 반갑구나.
내 이름을 처음 듣는 어린이도 있지?
나는 알고 보면 꽤 유명한 신하였어.
특히 오랫동안 벼슬을 하면서
왕을 모신 것으로 유명해.

인물 소개

양반집에서 태어난 김재로는 열심히 공부하여, 1710년 과거에 합격하고 약 50년 동안 벼슬 생활을 하였어요. 특히 영조 임금이 아끼는 신하였어요. 김재로가 죽었을 때 영조가 직접 장례식장에 왔을 정도지요. 신하로 일하면서 그는 '노론'이라는 정치 세력의 지도자로 활동했고, 벼슬하는 동안 거의 절반의 세월을 으뜸 벼슬인 정승으로 지냈어요.

김재로의 이모저모

- **시대**: 조선
- **생년월일**: 1682년에 태어났어요.
- **직업**: 문신
- **잠든 곳**: 인천에 김재로의 묘소가 있어요.
- **별명**: 명재상*
- **특기**: 임금 잘 모시기

★ **명재상** 나랏일을 잘해 이름난 재상
(재상은 임금을 돕고 모든 관리를 지휘·감독하는 일을 맡아보던 벼슬)

 우리가 알아야 할 **김재로** 이야기

《승정원일기》에 가장 많이 등장한 인물

우리나라 문화재 중엔 국보 제303호인 《승정원일기》가 있어요. 승정원은 조선 시대에 왕의 비서실 역할을 하던 관청이에요. 《승정원일기》는 궁궐에서 왕이 명령을 내린 내용이나, 신하가 왕에게 보고한 내용을 날마다 기록한 책이에요. 정치, 경제, 외교, 법률 분야 등 다양한 내용이 담겨 있어요. 현재 남아 있는 《승정원일기》는 조선 제16대 왕인 인조부터, 고종 31년(1894년)까지 272년 동안의 기록이에요.

《승정원일기》는 분량이 어마어마해요. 무려 3천 2백여 권이나 되지요. 이처럼 분량이 많다 보니, 책에 등장하는 사람도 약 35만 명이나 된답니다.

《승정원일기》는 승정원에서 일하는 신하들이 객관적인 입장에서 쓴 자세한 기록이기 때문에 역사 자료로 큰 가치가 있어요. 그래서 국제기구인 유네스코는 《승정원일기》를 세계 기록 유산으로 지정하였어요. 세계적으로도 보존 가치가 있는 역사 기록이라는 것이지요.

그런데 김재로 이야기를 하면서 왜 《승정원일기》 이야기를 하느냐고요? 이유가 있죠. 《승정원일기》에 아주 많은 사람이 등장한다고 했죠? 여기에 등장하는 사람들 대부분은 그 시대의 중요한 사건과 관계가 있었던 인물이에요.

이 책에 가장 자주 등장하는 사람이 바로 김재로예요. 그의 이름은 《승정원일기》에 약 7천 번이나 나온답니다. 김재로가 어떤 인생을 살았기에 그의 이름이 이토록 자주 나오는 걸까요? 김재로가 약 50년간 신하로 일하면서 나라의 중요한 일에 참여하였기 때문이에요.

 조선 시대 궁궐에선 많은 신하가 일했어요. 그중 단 3명뿐인 정승(영의정, 좌의정, 우의정) 벼슬에 오르는 건 무척 어려운 일이었어요. 또 정승이 된다고 해도, 오래 못 가 자리에서 물러나는 사람이 많았어요.

 김재로는 약 25년을 정승 벼슬을 하면서 왕을 가까이에서 모셨어요. 김재로가 오랫동안 정승으로 있었던 비결은 무엇일까요? 그가 능력 있는 신하였기 때문이에요. 그리고 또 하나 중요한 사실! 김재로는 정직하고 검소한 사람이었어요. 그래서 왕이 믿고 아꼈답니다.

김재로의 업적 이야기

김재로는 뭘 했을까?

정승은 으뜸 벼슬로 정치, 경제, 군사 등 여러 분야에서 왕과 나랏일을 의논하는 자리예요. 또 문화 분야의 일도 했는데, 그중에는 나라에서 펴내는 책을 책임지고 감독하는 임무도 있었어요. 김재로도 정승으로 일하면서 여러 번 이 일을 하였어요. 그가 책임자가 되어서 펴낸 책 중에서 가장 중요한 책은 《속대전》이에요.

《속대전》은 오늘날로 치면 헌법과 비슷한 책이에요. 헌법은 그 나라 최고의 법을 말해요. 오랫동안 조선의 헌법 역할을 한 것은 《경국대전》이었어요. 시간이 지나면 법과 현실이 서로 잘 맞지 않게 돼요. 그러자 영조는 《경국대전》 내용을 보충하라는 명령을 내렸어요. 김재로 등이 내용을 보충하여 1746년 새롭게 펴낸 법전이 《속대전》이랍니다.

《속대전》을 쓰는 데 참여

수령으로서 남긴 여러 업적

김재로는 대부분의 벼슬 생활을 한양에 있는 궁궐에서 하였지만, 몇 번은 지방의 고을을 맡아 다스리는 수령으로 일하기도 하였어요. 그는 수령으로 일할 때 여러 업적을 남겼어요. 1719년 전라도에서 수령으로 일할 때는 조선의 경제 발전을 위해, 양안(나라의 토지 장부)을 고쳐 바로잡자고 주장하였답니다. 또 충청도 지방의 수령으로 일하던 1728년 이인좌의 난이 일어났는데, 이때 그는 반란군을 무찌르는 공을 세웠어요.

시련을 이겨 내고 정치가로 성공

김재로의 벼슬 생활이 늘 순탄했던 건 아니었어요. 그가 벼슬을 할 때는 신하들 사이에 당파 싸움, 즉 당쟁이 심했답니다. 당쟁이 너무 심할 경우, 신하들이 죽거나 유배를 가는 일도 흔했어요. 김재로도 당쟁에 휘말려 몇 차례 벼슬에서 물러나기도 했어요. 그는 이런 시련을 꿋꿋하게 이겨 내고 다시 벼슬자리를 받았어요. 그는 1758년 벼슬에서 완전히 물러날 때까지 가장 높은 벼슬인 영의정을 네 번이나 하였답니다.

김재로의 영향력을 알 수 있는 《승정원일기》(국보 제303호)

TIP 당쟁이 무엇인가요?

조선 시대 중기부터 신하들은 자기들끼리 친한 세력을 만들어 서로 경쟁하였어요. 정치적인 입장에 따라 당파를 만들어 신하들끼리 서로 싸웠지요. 당파는 처음에는 서인과 동인, 둘로 나뉘었어요. 그러다 동인이 남인과 북인으로 갈라졌어요. 당파 싸움이 치열하게 이루어지다가, 최종적으로 권력을 차지한 건 서인이에요. 서인은 훗날 다시 '노론'과 '소론' 세력으로 갈라졌어요. 김재로는 노론에 속하는 정치가이자 노론의 우두머리였어요.

 **김재로**와 함께 보기

김재로가 모신 왕

영조 (1694~1776) 김재로를 아낀 조선의 제21대 왕

나는 조선의 제21대 왕인 영조란다. 제19대 왕이셨던 숙종의 아들로, 형인 경종에 이어 1724년 왕 자리에 올랐어. 나는 52년 동안 조선을 다스렸어. 조선 시대 왕 중에서 가장 오랫동안 왕 자리에 있었단다. 또 가장 오래 산 왕이기도 해. 김재로는 내가 아끼는 신하였어. 그는 청렴하고 능력이 뛰어난 신하였지.

내가 조선을 다스릴 때 가장 큰 문제는 정치였어. 신하들 사이의 당쟁이 심했으니까. 조선 시대에는 왕 못지않게 신하들의 힘도 강했기 때문에, 왕도 당파 싸움을 막는 데 애를 먹었단다. 나는 왕이 된 후 당파 싸움을 없애기 위해 '탕평책'이란 정책을 썼어. 탕평책이란, 당파를 따지지 않고 여러 당파에서 우수한 인재를 고루 뽑아서 벼슬을 맡기는 정책이야. 탕평책 덕분에 당쟁은 줄어들었지만, 완전히 사라지진 않았단다.

> **TIP 궁궐에서 왕을 모시던 주요 벼슬**
>
> **삼정승** 국가의 중요 정책을 결정하던 영의정, 좌의정, 우의정 세 벼슬을 삼정승이라고 했어요.
>
> **판서** 오늘날 장관에 해당하는 벼슬이에요. 6개의 조(이조·호조·예조·병조·형조·공조)의 우두머리 벼슬 이름이었어요. 각 조는 저마다 하는 일이 달랐어요. 판서 밑에는 오늘날 차관 계급인 참판이 있었어요.
>
> **도승지** 오늘날 대통령 비서실장과 비슷한 일을 하는 벼슬이었어요.

역사 **체험 학습**

김재로의 발자취

김재로 묘

- 인천광역시 남동구 운연동
- 인천광역시 기념물 제3호

김재로의 묘는 인천 대공원 옆에 위치한 소래산 기슭에 있어요. 무덤 앞에 세워진 비석에는 김재로의 일대기가 기록되어 있답니다.

여기도 가 보자!

김재로 묘가 있는 남동구의 볼거리를 소개할게요. 남동구 논현동의 소래 포구는 인천에서 꼭 가 봐야 할 곳으로, 종합 어시장이에요. 소래 습지 생태 공원은 소금을 만들던 염전이 문을 닫은 자리에 지은 공원이에요. 염전 창고를 고쳐서 만든 생태 전시관, 염전 학습장, 갯벌 체험장 등이 있어요.

소래 포구

소래 습지 생태 공원

인·천·위·인 | 07

프랑스 군대를 무찌른 **조선의 영웅**

양헌수

조선 | 1816~1888 | 장수

나는 오늘날 인천시에 속하는 강화도에서 유명한 역사 인물이란다. 강화도는 예로부터 중요한 군사 기지였는데, 조선 시대 말기에 프랑스 군대가 강화도를 공격하였어. 이때 나는 조선의 군대를 지휘했단다.

인물 소개

양반집에서 태어난 양헌수는 어린 시절에 글공부와 무술 훈련을 열심히 하였어요. 1848년 장교를 뽑는 과거 시험인 무과에 합격하여 벼슬에 올랐어요. 장수와 지방 수령으로 일할 때 늘 나라와 백성을 위해 올바른 일을 하여 존경받았어요. 1866년 병인년에 프랑스가 조선에 쳐들어오는 사건(병인양요)이 일어났어요. 양헌수는 이때 용감하게 싸워 침략을 막아 냈어요.

양헌수의 이모저모

- 시대: 조선
- 생년월일: 1816년에 태어났어요.
- 태어난 곳: 경기도 양평에서 태어났어요.
- 별명: 병인양요의 영웅
- 직업: 수령, 장군
- 특기: 지방 잘 다스리기, 전투

 우리가 알아야 할 **양헌수** 이야기

쉿! 몰래 상륙해야 한다

1866년 9월 18일 프랑스의 전함이 한강에 나타났어요.

우리의 목표는 조선 정찰*이지.

정찰을 마친 프랑스 배는 되돌아갔어요.

정찰 끝! 우린 조선에 다시 올 거야.

프랑스 전함은 10월 16일에 강화도 앞바다에 다시 나타났어요. 7척의 배에는 약 1천 명의 군인이 타고 있었어요.

작전을 시작한다. 강화도를 점령하라!

프랑스 군대는 왜 강화도를 침략했을까요?

1866년 초에, 조선 정부가 천주교를 퍼뜨리는 프랑스 신부들을 사형시켰거든. 우린 복수를 하려고 온 거야.

그런데 또 다른 이유가 있었습니다.

우리에겐 또 다른 목적이 있어. 조선에 겁을 줘서 우리와 교류를 하게 만드는 것이지.

★ **정찰** 작전에 필요한 자료를 얻기 위해 살피는 일

62

★ **진지** 언제든지 적과 싸울 수 있는 부대가 있던 곳

양헌수의 업적 이야기

양헌수는 뭘 했을까?

존경받는 제주도 수령

조선 시대는 무과 출신의 장군이 지방 수령으로 임명되기도 했어요. 양헌수도 병인양요가 일어나기 전에, 제주도를 다스리는 수령으로 근무한 적이 있었답니다. 수령으로 일하면서 양헌수는 제주도 백성들로부터 존경을 받았어요. 수령 일을 엄격하고 공정하게 했기 때문이에요. 또 태풍으로 많은 제주 사람이 피해를 입은 적이 있는데, 이때 양헌수는 식량을 지원하는 등 제주도 백성을 돕는 일을 열심히 하였답니다.

백성들의 편안한 삶을 위해서는 조선에 쳐들어오는 적들을 잘 막는 게 중요하다고 생각했어.

병마절도사로서 세운 큰 공

강화도에서 큰 공을 세운 양헌수는 1869년 황해도의 국방을 책임지는 병마절도사가 되었어요. 양헌수는 날로 커지는 서양의 여러 나라들, 그리고 일본의 침략에 맞서려면 군사력을 키우는 것이 중요하다고 생각했어요. 그래서 우수한 병사를 뽑아 부지런히 훈련시켰답니다. 이렇게 열심히 일을 하자 나라에서는 그가 임무를 마친 후에도 1년 더 병마절도사 일을 하게 했어요. 또 양헌수는 황해도 해안 지방에 침입한 해적 무리를 무찔러서, 그곳 주민들이 편하게 살 수 있도록 해 주었어요.

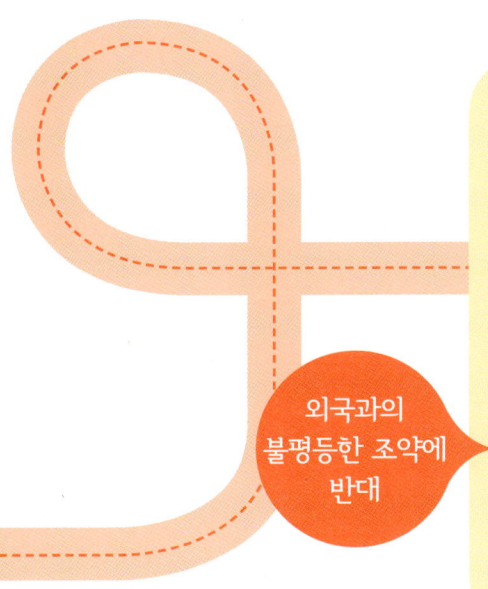

외국과의 불평등한 조약에 반대

조선은 1866년 강화도에서 프랑스 군대를 물리쳤지만 외국 여러 나라로부터 쇄국 정책을 포기하라는 압력을 받았답니다. 쇄국 정책은 다른 나라와 물건을 사고파는 것, 즉 교역을 금지하는 정책이에요. 1876년 조선 정부는 일본과 교역을 하겠다는 조약을 맺기로 결정하였어요. 그런데 이 조약은 일본에 유리하고 조선에는 불리했어요. 당시 조선은 힘이 약해 일본의 요구를 끝까지 거부하지 못했어요. 이때 양헌수는 '서둘러서 불리한 조약을 맺으면 훗날 조선이 큰 피해를 볼 것'이라고 생각하여 조약 맺는 것에 반대하였답니다.

TIP 강화도 조약과 인천 항구의 개방

양헌수 같은 신하들의 반대에도 불구하고, 조선은 일본과 '강화도 조약'을 맺었어요. 조약 내용은 일본에 무척 유리했어요. 조선이 일본에 부산, 인천, 원산 3개의 항구를 개방한다는 내용도 있었답니다.

강화도 조약을 맺은 후 일본 등 주변 나라들의 조선 진출은 활발해졌어요. 여기에 잘 대응하지 못한 조선은 점점 힘이 약해져, 1910년 일본의 식민지가 되고 말았답니다.

역사 **체험 학습**

양헌수의 발자취

양헌수 승전비와 그 주변

◆ 인천광역시 강화군 길상면
◆ 인천광역시 기념물 제36호(양헌수 승전비)

정족산성 안에는 고려 시대에 세운 것으로 전해지는 전등사라는 큰 절이 있어요. 이 절 안에는 양헌수의 정족산성 전투 승리를 기념하여 세운 비석이 있지요.
강화도는 병인양요 외에도, 조선 시대에 많은 전투가 벌어진 곳이에요. 그래서 강화도에는 '강화 전쟁 박물관'도 있어요.

강화 전등사

◆ 보물 제178호(대웅전)

고구려 소수림왕 때 세워졌다고 해요. 보물 제178호로 지정된 대웅전은 광해군 때 지어진 건물이에요. 대웅전 네 모서리 기둥의 윗부분에는 사람 모습의 조각이 있어요. 여기에 재미있는 전설이 내려와요. 대웅전 공사를 맡던 목수는 어떤 주모에게 재물을 빼앗겼어요. 그는 주모의 죄를 경고하고 씻게 하기 위해 기둥에 사람 조각을 만들었어요. 지붕을 받치고 있는 모습이 꼭 벌을 받는 모습 같지요.

강화 정족산성 진지
♦ 인천광역시 기념물 제66호

우리 조상들은 적의 침입을 막기 위해 전국 곳곳의 산에 성을 쌓았어요. 이것을 산성이라고 해요. 정족산성은 강화도 정족산에 있는 산성으로, 삼랑성이라고도 해요.

정족산은 조선의 수도인 한양을 방어하는 데 아주 중요한 역할을 한 곳이었어요. 배를 타고 온 적이 한양을 공격할 경우, 강화도 근처의 서해를 통해 한양으로 쳐들어올 가능성이 컸기 때문이지요.

> 정족산성에서 벌어진 전투라, 병인양요를 '정족산성 전투'라고도 해.

인·천·위·인 | 08

암행어사와 학자로서 큰 발자취를 남긴 선비

이건창

조선 | 1852~1898 | 문신, 학자

인천 위인 중에는 강화도에서 태어났거나 살았던 사람들이 많단다. 왜 그럴까? 강화도가 역사적으로 중요한 곳이고, 큰 섬이라 사람이 많이 살았기 때문이란다. 우리 집안도 조상 대대로 강화도에 살았단다.

인물 소개

이건창은 할아버지가 개성의 수령을 지낼 때 그곳에서 태어났어요. 자란 곳은 조상 대대로 살아온 강화도예요. 이건창은 다섯 살 때 한자로 글을 쓸 정도가 되어, 신동이란 소리를 들었답니다. 열심히 공부하여 1866년 열다섯 살에 과거에 합격하였어요. 이건창은 벼슬 생활을 하면서 늘 바르게 행동하고, 백성과 나라를 위한 삶을 살아서 사람들로부터 존경받았답니다.

이건창의 이모저모

시대
조선

태어난 곳
개성에서 태어나 강화에서 살았어요.

직업
문신, 학자

성격
바르고 정직해요.

별명
최고의 암행어사, 조선의 대문장가★

★ **대문장가** 글을 아주 잘 쓰는 사람

우리가 알아야 할 **이건창** 이야기

최고의 암행어사

"이건창을 충청우도 암행어사로 보내도록 하라!"

1875년 조선을 다스리던 고종이 명령을 내렸어요. 조선 시대에는 충청도가 충청우도와 충청좌도로 나뉘져 있었어요. 암행어사는 수령이 지방을 잘 다스리는지 조사하려고, 왕이 비밀리에 임명하여 보내는 사람이었어요. 이때 이건창은 스물세 살로, 암행어사가 되기에는 젊은 나이였어요. 그가 암행어사가 된 것은, 과거에 합격한 후 여러 벼슬을 한 경험이 있었고, 정직하고 공정한 사람이었기 때문이에요.

암행어사 표시인 마패를 품에 넣고 이건창은 충청우도로 내려갔어요. 그는 충청우도의 각 고을을 돌면서 수령들이 일을 제대로 하는지 조사하였어요. 암행어사 일을 마치고 나서는 한양에 돌아와 별단을 왕에게 바쳤지요. 별단은 암행어사가 작성하는 보고서를 말해요. 이건창이 쓴 별단 내용은 아주 꼼꼼했고, 있는 그대로를 적은 것이었어요.

그런데 이건창 때문에 잘못이 밝혀져 벌을 받은 한 수령이 음모를 꾸몄어요. '이건창이 암행어사로 일할 때 죄 없는 사람에게 벌을 주었다.'라고 모함했지요. 이 일로 이건창은 1년간 벼슬에서 물러나 유배 생활을 해야 했답니다. 이처럼 억울한 일을 당한 후, 이건창은 생각했어요.

'아! 벼슬 생활을 하기보다 내 고향 강화도에 가서 공부하며 살고 싶구나.'

그러나 왕은 이건창을 내버려 두지 않았어요. 1880년 그를 다시 경기도 암행어사로 임명했지요. 이번에도 이건창은 자기 역할에 최선을 다했어요. 그는 경기도의 여러 지방을 돌면서 수령들이 잘못한 일을 낱낱이 파헤쳤어요. 수령 때문에 고생한 백성들을 돕는 일도 열심히 하였지요.

이건창이 암행어사로 가는 지방의 백성들은 입을 모아 그를 칭찬했어요. 심지어 이건창 공덕비를 세우는 곳도 생겼어요. 공덕비란 어떤 사람의 업적을 새긴 비석이에요. 조선 시대에 암행어사를 위해 공덕비를 세우는 경우는 거의 없었어요. 이것만 보아도 이건창이 얼마나 암행어사 일을 잘했는지 알 수 있죠?

이건창의 업적 이야기

이건창은 뭘 했을까?

1890년 이건창은 한성부 소윤이 되었어요. 한성은 오늘날의 서울이고, 소윤은 요즘으로 치면 부시장 벼슬이었어요. 당시에는 조선과 청나라의 조약으로 한성에 사는 청나라 사람들이 늘어났어요. 돈이 많은 청나라 사람 중엔 한성에 있는 부동산★을 사들이는 사람들이 있었어요. 이것을 그대로 둘 경우 조선에 대한 청나라의 경제적 영향력이 커질 것이 분명했어요.

이건창은 청나라 사람이 부동산을 쉽게 살 수 있는 것을 규제해야 한다고 주장했어요. 그의 주장은 청나라의 압력으로 받아들여지지 않았어요. 그럼에도 이건창은 한성부 소윤으로 일하면서 청나라 사람에게 함부로 부동산을 팔면 처벌받게 하는 정책을 펴서, 청나라 사람들이 부동산을 마구 사들이는 걸 막았답니다.

> 조선의 경제를 지키려고 노력

★ **부동산** 움직여 옮길 수 없는 재산으로, 땅이나 건물 등

> 정의롭고 효심 깊은 이건창

열다섯 살의 어린 나이에 과거에 합격한 이건창은 앞날이 창창했어요. 적당히 다른 사람 비위를 맞추고 살면 출셋길이 보장되었지요. 하지만 그는 벼슬에 큰 욕심을 내지 않았어요. 자기가 맡은 임무에 최선을 다하였을 뿐이지요. 그는 6년간 벼슬에서 스스로 물러난 적도 있어요. 강화도에 사는 부모님이 돌아가셨을 때 각각 3년씩 삼년상을 치렀기 때문이에요. 조선 시대엔 부모님이 돌아가시면 3년 동안 묘 옆에 움막을 짓고 상복을 입은 채 묘를 돌보고 부모님을 생각할 것을 권했어요. 이걸 '삼년상'이라고 해요. 이건창은 이처럼 부모에 대한 효를 충실하게 실천하였어요.

1894년 조선은 약한 나라였어요. 일본이 조선에 군대를 보내 조선의 정책을 간섭할 정도였답니다. 이해에 조선은 일본의 압력에 굴복하여 '갑오개혁'을 시작하였어요. 이 조치로 관청의 이름이 바뀌고, 벼슬의 이름도 바뀌는 변화가 생겼어요. 이건창은 '스스로 하는 개혁은 좋은 것이지만, 일본의 강요로 하는 개혁은 올바른 것이 아니다.'라고 생각했어요. 그래서 갑오개혁으로 새로 생긴 벼슬에 임명이 되자, 이를 거절하였어요. 이건창의 생각은 옳았어요. 갑오개혁 후 조선은 일본 등 다른 나라의 간섭을 더 많이 받는 처지가 되었답니다.

다른 나라에 의한 개혁에 반대

나라와 백성을 먼저 생각하는 관리가 되고자 하였어.

실천하는 유학 사상을 발전시킴

벼슬에서 완전히 물러난 이건창은 고향인 강화도로 갔어요. 고향에서 유학 공부를 하며 살았지요. 강화도는 조선 시대에 많은 유학자가 살았던 곳이에요. 이런 유학자를 '강화학파 학자'라고 불렀어요. 대부분의 강화학파 학자들은 실천을 중요하게 생각하고, 그 관점에서 유학을 연구하였어요. 이건창도 고향에서 열심히 공부하여, 선배 학자들이 연구한 실천 중심의 유학 사상을 발전시켰답니다.

이건창과 함께 보기

조선의 앞날을 걱정한 이건창의 친구들

황현 (1855~1910) 《매천야록》을 쓴 학자

나는 조선 후기의 학자인 황현이란다. 나와 이건창은 청년 시절에 만났어. 우리는 뜻이 잘 맞았단다. 공통점도 많지. 바른 선비로 살려는 뜻이 같았고, 나라를 걱정하는 마음이 같았어. 나는 젊은 시절에 과거에 합격하였지만 벼슬살이는 하지 않았어. 당시에는 왕비와 그 친척들이 큰 권력을 휘두르고 있었는데, 그들 대부분은 무능하고 부패하였거든. 나는 그들에게 잘 보여서 출세하긴 싫었어. 그래서 고향으로 내려가 공부하고 제자를 가르치는 일을 하였단다. 나는 《매천야록》이란 역사책을 쓴 것으로 유명해.

김택영 (1850~1927) 조선 후기 학자·역사학자

나는 이건창, 황현과 젊은 시절에 친구 사이로 지냈어. 나는 이건창을 '조선 시대를 대표하는 9명의 문장가'라고 평가하였어. 그 정도로 이건창은 글을 잘 썼단다.

나는 벼슬살이는 오래 하지 않고, 글을 쓰고 역사를 연구하는 일에 더 많은 시간을 보냈단다. 《한국소사》, 《동국역대사략》 등 역사책도 여러 권 썼어. 1905년 을사조약이 맺어지자 벼슬에서 물러났고, 1908년 중국으로 망명했어.

역사 **체험 학습**

이건창의 발자취

이건창 생가

- 인천광역시 강화군 화도면
- 인천광역시 기념물 제30호

생가는 태어난 집을 말해요. 이건창의 집안은 조상 대대로 강화도 화도면 지역에 살았어요. 이건창은 이 집에서 어린 시절을 보냈지요. 조선 시대 선비들은 자기가 사는 집에 이름을 붙이는 경우가 많았어요. 이건창 생가의 집 이름은 명미당이에요.

생가 앞에는 아주 오래된 탱자나무가 있어요. '강화 사기리 탱자나무'라고 해요.

이건창 생가

강화 사기리 탱자나무(천연기념물 제79호)

이건창 묘

- 인천광역시 강화군 양도면
- 인천광역시 기념물 제29호

강화도에 있는 이건창의 묘는 아주 작고, 보통 무덤들에 있는 비석도 없어요. 하지만 그의 업적은 작지 않아요. 묘는 인천광역시 기념물로도 지정되었답니다.

77

인·천·위·인 | **09**

독립과 통일을 위해 몸 바친 지도자

김구

근현대 | 1876 ~ 1949 | 독립운동가, 정치가

인천은 나와 인연이 깊은 도시란다. 청년 시절에 독립운동을 하다가 일본에 체포되어 인천에 있는 형무소에서 두 번이나 감옥살이를 하였거든. 내가 감옥에 갇혀 있을 때 인천에 살던 여러 사람이 나와 가족들에게 도움을 주었단다.

인물 소개

황해도 해주에서 태어났어요. 열여덟 살 때 외국의 침략에 맞섰던 동학 농민 운동에 참여하면서 독립운동을 시작하였어요. 이때 그의 이름은 김창수였어요. 1912년 서른일곱 살 때 이름을 김구로 바꾸었지요. 1919년부터 1945년까지 중국에 있던 대한민국 임시 정부에서 활동했어요. 해방 후에는 한반도가 남한과 북한으로 갈라지는 것을 막기 위해 노력했어요.

김구의 이모저모

시대
조선 ⋯
대한 제국 ⋯
일제 강점기 ⋯
대한민국

생년월일
1876년 8월 29일에 태어났어요.

별명
대한민국 임시 정부 지킴이, 민족 지도자

호
백범(白凡)

쓴 책
자서전 《백범일지》

우리가 알아야 할 **김구** 이야기

김구의 업적 이야기

김구는 뭘 했을까?

김구는 청년 시절에 일본 등 외국으로부터 조선을 지키려는 동학 농민 운동에 참여하였어요. 동학 농민 운동이 정부의 탄압*으로 실패한 후엔, 중국으로 건너갔다가 압록강 부근에서 의병 부대에 참여해 일본군과 싸웠어요. 다시 조선에 돌아온 김구는 학교를 세워 인재를 키우는 일을 하였답니다. 또 비밀 독립운동 단체인 '신민회'의 회원으로도 활동하였어요.

청년 시절부터 독립운동에 참여

★ **탄압** 권력이나 무력으로 억눌러 꼼짝 못 하게 함

두 번이나 인천의 감옥에 갇힘

김구는 청년 시절에 독립운동을 하다가 일본 경찰에 체포되어 두 번이나 인천에 있는 형무소에서 감옥살이를 하였어요. 처음 감옥 생활을 하였던 1898년에 김구는 동료 죄수들과 함께 감옥을 탈출하는 데 성공했어요. 지금의 중구 내동에 있던 인천 감리서 감옥에서 벌어진 일이에요. 이 사건으로 독립운동가 김구의 이름은 더 유명해졌답니다.

임시 정부에서 독립운동을 지휘

김구는 1919년부터 1945년까지 대한민국 임시 정부를 지켰어요. 일본에게 김구는 가장 먼저 체포해야 할 독립운동 지도자였어요. 이 때문에 김구는 목숨을 걸고 독립운동을 지휘해야 했답니다. 이런 상황에서도 김구는 여러 독립운동 조직을 만들어 일본에 큰 타격을 주었어요. 대표적인 것은 '한인 애국단'을 만든 거예요. 도쿄에서 일본 왕에게 폭탄을 던진 이봉창, 일본 왕의 생일 축하 행사장에서 폭탄을 던진 윤봉길이 한인 애국단 단원이에요.

조국의 분단을 막으려고 노력함

1945년 조선은 일본의 지배로부터 벗어났지만 곧 위기를 맞았어요. 미국의 지원을 받는 남한과, 소련의 지원을 받는 북한 두 나라로 분리될 상황이 된 거예요. 이때 김구는 민족의 분단을 막기 위해 남북한의 정치 지도자들을 설득하는 일을 벌였어요. 김구의 이런 노력은 실패로 돌아갔고, 1948년 한반도는 남한과 북한으로 분단이 되고 말았답니다. 김구는 1949년 그를 미워하는 정치 세력에 의해 암살*당하고 말았어요.

★ **암살** 몰래 사람을 죽임

 **김구**와 함께 보기

인천 '황어 장터 만세 운동'

일제 강점기 때 조선 땅 곳곳에서는 독립운동이 일어났어요. 인천에서도 많은 독립운동이 일어났지요. 그중 대표적인 것이 1919년 오늘날 인천시 계양구 장기동에서 일어난 '황어 장터 만세 운동'이에요. '황어 장터 만세 운동'이 일어난 것은 3월 24일이었어요. 물고기를 사고파는 장터에서 벌어졌어요. 장터가 끝나는 오후 2시경에 수백 명의 계양구 주민들이 독립 만세를 외쳤지요. 이 만세 운동을 이끈 사람은 심혁성이었어요. 1888년 인천시 계양구에서 태어난 그는 맨 앞에 서서 태극기를 휘두르면서 '대한 독립 만세'를 외쳤어요.

일본 경찰은 그를 현장에서 체포하였어요. 심혁성은 일본 경찰이 함께 독립 만세를 외친 정태용이란 사람을 체포하려고 하자 "이 일은 내가 주도한 것이지 정태용은 관계없다."고 말했답니다. 다른 독립운동가에겐 피해를 주지 않기 위해서였지요.

인천 주민 300여 명은 심혁성을 구하려고 그가 갇혀 있는 면사무소를 습격하였어요. 이 과정에서 조선 사람 한 명이 일본 경찰이 휘두른 칼에 사망하면서 만세 운동은 더욱 커졌어요. 그러자 일본은 40여 명의 인천 주민을 또 체포했어요. 심혁성은 일본의 판사에게 재판을 받았고 1년 3개월간 감옥살이를 하였답니다.

황어 장터에서 일어난 만세 운동은 인천의 다른 지역에서 만세 운동이 일어나는 계기가 되었어요. 오늘날 인천광역시 계양구 장기동 139-3번지에는 이 자랑스러운 인천 독립운동 역사를 기념하기 위해서 세운 '황어 장터 3·1 만세 운동 기념관'이 있어요.

황어 장터 3·1 만세 운동 기념탑

기념관 안의 모습

기념관에서 인천 지역의 대표적인 만세 운동, 황어 장터 3·1 만세 운동의 내용과 의의 등을 살펴볼 수 있어요. 기념관 밖에는 추모 기념탑도 세워졌어요. 일본의 지배에 맞서 목숨을 바쳐 싸운 사람들을 기리기 위해 세운 탑이랍니다. 기념탑에는 3·1 운동 당시의 모습을 표현한 조각이 있고, 태극기와 황어를 표현하는 조각도 있어요. 이 기념탑 앞에서는 황어 장터 만세 운동을 재현하는 공연도 열린답니다.

역사 **체험 학습**

김구의 발자취

인천 대공원 백범 광장

📍 인천광역시 남동구 장수동

김구는 인천에서 두 번 감옥살이를 했어요. 첫 번째로 감옥에 갇혔을 때 강화도에 살던 김주경이라는 사람은 김구를 구하기 위해 여러 방법으로 노력했어요. 두 번째로 인천에서 감옥살이를 할 때는 그의 어머니가 아들의 옥바라지를 하기 위해 인천에 살게 되었어요. 이때 여러 인천 사람이 김구 어머니를 도왔다고 해요. 인천에는 김구의 독립운동 발자취를 기념하는 '백범 광장'이 있어요. 인천 대공원에 있는 이 광장에는 김구와 그의 어머니 곽낙원 여사의

동상이 있지요. 백범 광장에는 김구가 쓴 글을 새긴 비석도 있답니다.
이처럼 김구에게 인천은 인연이 많은 도시였어요. 김구는 독립이 되자 임시 정부가 있던 중국을 떠나, 꿈에 그리던 조국 땅에 돌아왔어요. 돌아온 후 여러 도시를 방문했는데, 가장 먼저 찾은 곳이 인천이었답니다.

백범 김구 기념관

- 서울특별시 용산구 효창동
- 사적 제330호(서울 효창 공원)

'백범 김구 기념관'은 2002년에 문을 열었어요. 이곳에선 독립운동가 김구의 인생을 살펴볼 수 있는 다양한 유물을 전시하고 있어요. 이 기념관은 효창 공원 안에 있는데, 공원에는 김구의 묘소도 있답니다. 또 독립운동에 몸을 바친 윤봉길, 이봉창, 백정기의 묘도 있어요.

백범 김구 선생상

- 서울특별시 중구 회현동

서울에도 백범 광장이 있어요. 회현동 남산 공원 안에 있고, 이곳에 백범 김구 선생상도 있지요. '백범 김구 선생 기념 사업회'에서 1969년 8월에 세웠답니다. 많은 사람들이 이 동상을 세우는 데에 돈을 보냈다고 해요. 김구가 태어난 날에 맞추어 동상 제막식이 열렸답니다.

인·천·위·인 | 10

시각 장애인을 위해 한글 점자를 만든 사람

박두성

근현대 | 1888 ~ 1963 | 교육자

★ **점자** 손가락으로 더듬어 읽도록 만든 시각 장애인용 문자

사람으로 태어나서 다른 사람을 열심히 돕는 행동은 보람된 일이야. 나는 청년 시절에 다른 사람을 도우며 살기로 결심했어. 시각 장애인 학생들을 가르치면서 나의 결심을 실천하였단다.

인물 소개

1913년 시각 장애인들이 다니는 학교의 교사가 된 후부터 시각 장애인 교육에 뛰어들었어요. 한글 점자를 연구하여 우리나라 최초의 한글 점자책인 《조선어독본》을 만들었어요. 이 책 덕분에 조선의 시각 장애인들은 눈으로 보지 못해도, 한글 공부를 할 수 있게 되었어요. 박두성은 평생 동안 시각 장애인을 위한 교육과 봉사 활동을 했어요.

박두성의 이모저모

시대
조선 …
대한 제국 …
일제 강점기 …
대한민국

생년월일
1888년 4월 26일에 태어났어요.

태어난 곳
강화도에서 태어났어요.

별명
시각 장애인들의 세종 대왕

직업
교육자, 사회운동가

만든 책
《훈맹정음》, 점자 《조선어독본》, 점자 《신약성서》 등

우리가 알아야 할 **박두성** 이야기

이 아이들을 돕고 싶다!

1913년 박두성은 서울에 있는 제생원이란 학교의 맹아부 교사가 되었어요. 맹아부의 '맹아'는 앞을 못 보는 어린이, 즉 시각 장애인을 말해요. 시각 장애인 학생들은 점자를 통해서 글을 배워요.

박두성이 막 교사가 되었을 때, 조선은 일본의 식민지였어요. 학교에 일본어

점자책은 있지만, 우리말로 된 점자책은 없었어요. 이 때문에 조선의 시각 장애인 학생들은 한글을 배울 수 없었어요.

박두성은 마음이 따뜻한 선생님이었어요. 그는 맹아부의 학생들을 가르치면서 학생들의 처지가 늘 안타까웠어요.

'두 눈이 멀쩡한 사람도 살기가 힘든 세상인데, 앞을 못 보는 저 아이들은 얼마나 힘이 들까?'

박두성은 아이들이 훌륭한 사람으로 자라려면, 한글을 제대로 아는 것이 중요하다고 생각하였어요. 1920년 박두성은 위대한 결심을 했어요.

"한글 점자책이 필요해. 이건 무척 가치 있는 일이 될 거야. 내가 이 일을 해 보자!"

한글 점자책 만들기는 어려운 일이었어요. 먼저 점자의 원리를 잘 알아야 했어요. 또 한글의 특성에 맞춰 쉽게 이용할 수 있는 '한글 점자'를 만들어야 했지요. 여기엔 시간과 돈이 많이 들었답니다.

박두성은 가난한 교사였지만 자기 돈을 들여 한글 점자를 만드는 일을 계속해 나갔어요. 때로는 일본이 그의 작업을 방해하기도 했어요. 하지만 박두성은 일본의 압력에 굴복하지 않고 자기가 하던 일을 계속했어요.

한글 점자 연구에 뛰어든 지 7년이 되던 1926년, 박두성은 우리나라 최초로 한글 점자의 원리를 정리한 《훈맹정음》이란 책을 완성하였어요. 이어서 그는 《훈맹정음》의 원리를 이용해 한글을 배울 수 있는 점자책인 《조선어독본》을 만들었어요.

박두성이 이뤄 낸 이 일은 조선의 시각 장애인들에게 단비처럼 반가운 일이었어요. 시각 장애인도 한글을 배울 수 있는 길이 열렸기 때문이에요.

박두성의 업적 이야기

박두성은 뭘 했을까?

박두성은 《조선어독본》 외에 많은 점자책을 만들었어요. 그는 기독교 신앙이 깊은 사람으로, 점자로 된 성경도 만들었어요. 1941년에 《신약성서》, 1957년에는 성서 전체를 점자책으로 완성하였지요. 이로써 시각 장애인들도 성경을 읽으며 예수님의 가르침을 배울 수 있게 되었어요. 박두성은 이외에도 한글로 된 점자 교재들을 많이 만들었답니다.

시각 장애인을 위해 만든 성경

더 많은 시각 장애인들이 한글 점자를 접하면 좋겠어!

전국의 시각 장애인을 위한 점자 교육

박두성은 서울이 아닌 다른 지역에 사는 시각 장애인을 위한 교육을 위해서도 노력하였어요. 그는 먼저 전국 주요 대도시에 점자 교육을 받은 사람을 보내서 그곳에 사는 시각 장애인을 대상으로 점자 교육을 하도록 하였어요. 또 개인 사정으로 학교에 나오지 못하는 시각 장애인을 위해, 우편으로 점자 교재를 보내 공부할 수 있도록 하였답니다. 그의 노력 덕분에 조선 땅 전국 곳곳의 시각 장애인이 글을 읽을 수 있게 되었어요.

시각 장애인의 권리를 위한 행동

박두성은 시각 장애인 교육뿐만 아니라, 시각 장애인이 사회에서 존중을 받게 하는 일에도 앞장섰어요. '시각 장애인도 보통 사람과 다를 게 하나도 없고, 교육받을 권리가 있다.'라는 걸 늘 강조하였어요. '장애가 있든 없든, 사람들이 서로를 존중하는 사회가 훌륭한 사회'라는 사실을 알리는 일을 한 거랍니다. 그는 시각 장애인을 위해 《촛불》이란 잡지를 만들기도 하였어요.

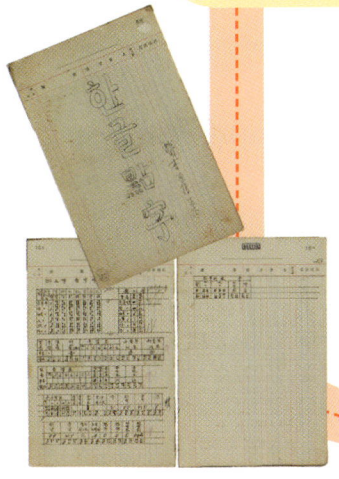

《한글 점자》

시각 장애인의 투표 참여에 도움을 줌

한글 점자책의 등장은 교육 외에도 다양한 분야에서 시각 장애인의 사회 참여를 돕는 역할을 하였어요. 대표적인 예가 투표예요. 1935년 5월에 조선에선 지방에서 일할 지도자를 뽑는 선거가 있었어요. 이때 박두성이 만든 한글 점자를 이용하여, 시각 장애인도 투표할 수 있었답니다.

TIP 점자의 원리

점자는 손으로 읽는 문자예요. 손으로 볼록한 점들의 위치를 읽어서 문자의 뜻을 이해하는 것이지요. 점자는 1821년 프랑스에서 루이 브라유라는 사람이 처음 만들었어요. '브라유 점자'의 원리는 6개의 튀어나온 점을, 6개의 위치에 각각 다르게 배치하여, 저마다 다른 뜻을 나타내게 한 거예요.

오늘날 점자는 생활에 널리 사용되고 있어요. 엘리베이터의 버튼, 음료수 캔을 따는 손잡이에도 점자가 있어요. 시각 장애인 음악가를 위한 점자 악보도 있답니다.

박두성과 함께 보기

박두성의 스승

이동휘 (1873~1935) 박두성에게 큰 영향을 준 독립운동가

나는 독립운동가인 이동휘라는 사람이다. 청년 시절에 강화도에 보창 학교를 세워서 그곳 아이들을 가르쳤단다. 학생 중에 박두성이 있었어. 나는 박두성이 똑똑하고 마음이 따뜻한 아이임을 알아보고, 그를 매우 아꼈단다. 그래서 박두성이 강화도의 학교를 마치고, 한성에 있는 사범 학교에 가는 일도 도와주었지.

박두성은 사범 학교 졸업 후 처음엔 소학교(지금의 초등학교) 선생님이 되었고, 몇 년 후엔 시각 장애인 학생들이 다니는 학교의 선생님이 되었어.

1910년 조선은 일본의 식민지가 되었어. 이때 많은 독립운동가들이 외국에서 독립운동을 하려고 망명을 떠났어. 나도 망명하기로 결심했지. 나는 조선을 떠나기 전 제자 박두성을 만났단다. 박두성은 조선에 남아 인재를 키우는 일에 몸 바치겠다고 했어. 나는 박두성에게 늘 변함이 없는 소나무와 바위처럼, 절개를 지키는 사람이 되라는 뜻에서 송암(松^{소나무 송}巖^{바위 암})이라는 호를 지어 주었단다. 이런 충고도 했어.

"사람은 보람 있는 일을 하며 살아야 하네. 더구나 그 일이 남들이 잘 하지 않으려는 일이라면 더 보람이 있을 거야."

박두성은 나의 바람대로 살았어. 당시 남들이 하지 않던 시각 장애인을 위한 교육에 헌신했지. 한편 만주로 떠난 나는 평생 독립운동을 하였단다.

★ 115쪽에서 인천의 또 다른 위인인 이동휘에 대해 더 알아봐요.

역사 **체험 학습**

박두성의 발자취

송암 박두성 기념관

📍 인천광역시 남구 학익동   ☎ 032)876-3500

이 기념관은 박두성을 기념하기 위해 1999년 문을 열었어요. '송암'은 박두성의 호예요. 기념관 안에는 박두성의 발자취를 보여 주는 약 160점의 유물을 전시하고 있습니다. 박두성이 점자책을 만들 때 사용하였던 다양한 도구들, 점자 타자기 같은 물건들, 박두성이 시각 장애인을 위해 활동하던 모습을 찍은 사진을 구경할 수 있어요. 또 이곳을 방문하면 체험 학습도 할 수 있어요.

나라에서는 1992년 박두성의 공로를 인정해 은관 문화 훈장을 추서했어요. '추서'란 사람이 죽은 후 그의 업적을 기념하여 상을 주는 걸 뜻해요. 기념관에 가면 이 훈장도 구경할 수 있어요.

기념관은 처음엔 '인천광역시 시각 장애인 복지관' 건물 1층에 있었어요. 2017년 말, 복지관 곁에 3층짜리 점자 도서관이 세워지면서, 기념관도 점자 도서관으로 옮겨 갔어요.

점자 도서관에는 '박두성 기념관' 외에, 시각 장애인을 위한 열람실, 점자 도서 제작실, 소리 도서 제작실 등이 있어요.

송암 점자 도서관

박두성 동상

인·천·위·인 | 11

독립운동과 진보* 정치에 헌신한 지도자

조봉암

근현대 | 1898~1959 | 독립운동가, 정치가

★ **진보** 사회의 변화와 발전을 추구하는 것

나는 일제 강점기 때 조선의 독립운동에 열심히 참여하였단다. 1945년 해방이 되고 대한민국이 생긴 후에는 정치가로 활동하였지. 정치를 통해서 우리나라 국민들이 더 행복하게 살 수 있는 세상을 만들고 싶었단다.

인물 소개

1898년 강화도에서 농부의 아들로 태어났어요. 1911년 초등학교를 졸업한 후, 강화군청에서 잠시 일을 하기도 했어요. 청년 시절 조선이 일본의 지배를 받을 때 독립운동을 했어요. 여러 번 일본 경찰에 붙잡혀 감옥살이도 하였어요. 해방 후에 정치가가 된 그는 첫 번째 농림부 장관을 지냈고, 1956년엔 대통령 선거에 후보자로 나섰어요.

조봉암의 이모저모

시대
대한 제국 …
일제 강점기 …
대한민국

직업
독립운동가,
정치가

쓴 책
《우리가 나아갈 길》,
《우리의 당면 과제》
등

별명
한국 진보 정치의
선구자

정치 활동
농림부 장관,
국회의원,
대통령 후보

노력한 일
독립운동,
올바른 정치를 통한
나라의 발전

우리가 알아야 할 **조봉암** 이야기

억울한 죽음

 1958년 1월 진보당 당수(당의 최고 지도자)인 조봉암이 체포되었어요. 그와 함께 진보당에서 활동하던 16명도 체포됐지요. 나라에서 조봉암을 체포한 이유는 그가 간첩 행위를 했다는 것이었어요. 이것은 사실이 아니었어요. 가짜 증거로 그에게 간첩* 누명을 씌운 것이었지요.

 1차 재판에서 판사는 조봉암에게 무죄를 선고했어요. 그러나 정부는 다시 조봉암을 2차 재판에 세웠어요. 조봉암은 평화 통일을 주장했는데, 그것이 국가를 어지럽게 한다는 이유에서였어요. 결국 판사는 조봉암에게 사형 선고를 내렸어요. 1959년 7월 조봉암은 사형을 받아 억울하게 세상을 떠났어요.

 왜 나라에서는 조봉암에게 누명을 씌운 걸까요? 1956년 5월 15일 대한민국 제3대 대통령을 뽑는 선거가 있었어요. 조봉암은 무소속 후보로 출마했어요. 이때 가장 힘이 센 당은 자유당이었고, 자유당 후보는 이승만이었어요. 이 선거에서 조봉암은 약 216만 표를 받아, 대통령에 당선된 이승만에 이어 2등이 되었어요. 당에 속하지 않고 무소속으로 나온 후보치고는 아주 많은 표를 얻은 것이었어요.

 선거가 끝난 후, 조봉암은 국민들 사이에 더욱 유명한 정치 지도자가 되었어요. 진보당을 만들고 당수가 되기도 했지요. 조봉암이 다음 대통령 선거에 나

★ **간첩** 국가나 단체의 비밀이나 상황을 다른 국가나 단체에 몰래 넘긴 사람

온다면 대통령에 당선될 가능성도 있었어요. 당시 권력을 쥐고 있던 자유당 세력은 조봉암이 더 큰 정치 지도자가 되는 걸 막으려고 했고, 그래서 누명을 씌워 재판에 넘긴 거예요.

　법원이 조봉암에게 사형 판결을 내렸을 때, '그것은 잘못된 판결'이라는 의견들이 있었어요. 그러나 당시는 이승만 대통령과 자유당이 큰 권력을 휘두르던 때라, 조봉암의 누명을 벗기기 어려웠어요.

　2007년 사람들은 조봉암의 억울한 죽음을 풀어 주려고 적극적으로 노력했어요. 정부가 만든 '진실·화해를 위한 과거사 정리 위원회'라는 기구에서 '조봉암을 죽게 한 진보당 사건은, 이승만 정권의 반인권적인 정치 탄압이므로 판결을 다시 해야 한다.'라는 의견을 낸 거예요. 그로부터 4년 후인 2011년 대법원에서 다시 재판이 열렸어요. 이 자리에서 재판관 모두가 '조봉암은 무죄'라는 판결을 내렸어요. 조봉암이 억울하게 죽은 지 52년 만의 일이었어요.

조봉암의 업적 이야기

조봉암은 뭘 했을까?

1919년 3월 1일에 만세 운동이 일어났어요. 이때 조봉암은 만세 운동에 참여하였다가 일본 경찰에 잡혀 1년간 감옥에 갇혀야 했어요. 감옥에서 풀려난 후 그는 일본 유학을 떠났어요. 유학 생활을 하면서 사회주의 사상을 배웠고, 이 사상에 공감하여 독립운동과 사회주의 운동을 함께하게 되었어요. 사회주의는 사회와 경제의 불공정함을 해결하려는 여러 사상 중 하나예요. 그는 1945년 해방이 될 때까지 줄기차게 독립운동에 참여하였고, 여러 번 감옥에 갇히기도 했답니다. 하지만 독립을 향한 그의 의지와 활동은 꺾이지 않았어요.

청년 시절부터 독립운동에 헌신

한국의 진보 정치를 발전시킴

오늘날 대부분 나라의 정치는 진보 정치 세력과 보수 정치 세력이 경쟁하는 구조예요. 이는 우리나라도 마찬가지예요. 진보 정치의 특징은 현실의 여러 문제를 정치를 통해서 빨리 개선하려고 노력한다는 것이에요. 그중엔 공정하지 못한 경제 문제를 해소하는 것도 있어요. 1948년 국회 의원 선거에서 당선되어 본격적으로 정치가가 된 조봉암은, 1957년 진보당이라는 정당을 만들고 진보 정치를 발전시키려고 노력하였답니다.

농림부 장관이 되어 성공시킨 농지 개혁

1948년 대한민국 정부가 생긴 뒤, 조봉암은 첫 번째 농림부 장관이 되었어요. 농림부 장관으로 있으면서 그는 농지 개혁을 성공적으로 이끌었어요. 당시 우리나라 농촌 대부분의 땅은 지주가 가지고 있었어요. 농부들 중엔 소작농이 많았어요. 소작농은 지주의 땅을 빌려서 농사짓는 농부를 말해요. 조봉암은 소작농의 수를 줄이고 자기 땅에서 농사짓는 농부의 수를 늘리는 농지 개혁 정책을 추진했어요. 이 정책은 소작농으로 힘들게 살던 많은 사람들의 생활을 더 좋게 만들어 주었답니다.

조봉암과 함께 보기

조봉암의 동료와 인천의 또 다른 위인

여운형 (1886~1947) 조봉암과 뜻이 잘 맞았던 정치인

나는 조봉암과 무척 친하게 지낸 정치인이란다. 나도 일제 강점기 때 조봉암처럼 독립운동에 열심히 참여하였어. 일본 경찰에 체포되어 감옥에 갇힌 적도 있었지.

1944년 당시 일본은 미국 등 연합군과 전쟁을 벌이고 있었어. 나는 머지않아 일본이 질 거라고 확신했어. 일본이 항복하면, 독립의 날을 맞을 게 분명했지. 나는 독립에 대비한 조직을 만들어야 한다고 생각하였단다. 그래야 독립이 되었을 때 순조롭게 나라와 정부를 세울 수 있을 테니까. 나는 '조선 건국 동맹'이라는 조직을 만들었어. 1945년 8월 15일 일본은 항복을 선언했고, 조선은 해방이 되었단다. 나는 재빨리 나라의 질서 유지와 순조로운 건국 준비를 위해, '조선 건국 준비 위원회'를 만들었지. 그러나 미국의 지원을 받은 이승만 같은 정치 지도자가 나타나서 큰 세력을 얻으면서, 현실은 나의 뜻대로 되지 않았어.

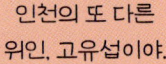

인천의 또 다른 위인, 고유섭이야.

고유섭 (1905~1944) 인천이 낳은 한국 미술 연구의 개척자

나는 일제 강점기 때 한국 전통 미술 연구를 개척했어. 인천에서 태어난 나는 고대부터 조선 시대까지의 건축, 조각, 도자기, 그림 등 한국의 전통 미술을 연구하였지. 다른 나라와 구별되는 우리 특유의 아름다움을 찾고자 했어. 나는 연구한 것을 논문과 책으로 발표하여, 한국 전통 미술의 아름다움을 널리 알렸단다. 내 연구는 한국 미술 연구의 기초가 되었어.

역사 체험 학습

그저 옳은 일을 해 왔을 뿐이다!

조봉암의 발자취

조봉암 묘역

📍 경기도 구리시 교문동

서울시 중랑구와 경기도 구리시에 걸쳐 있는 망우리 묘지 공원에는 조봉암의 묘가 있어요. 묘역은 묘가 있는 곳의 경계를 정한 구역을 뜻해요. 묘소 입구에는 조봉암이 독립운동에 대해 했던 말을 새긴 비석이 있어요. 적혀 있는 내용을 한번 살펴보아요.

우리가 독립운동을 할 때
돈이 준비되어서 한 것도 아니고
가능성이 있어서 한 것도 아니다.
옳은 일이기에,
또 아니 하고서는 안 될 일이기에
목숨을 걸고 싸웠지 아니하냐.

인·천·위·인 | 12

한국 최초의 세계 일주 여행가
김찬삼
현대 | 1926 ~ 2003 | 여행가, 교육인

내가 세계 여행에 나섰을 때는 지금과 달리 교통이 불편하고 여행 정보도 부족했어. 그땐 세계 일주에 도전하는 게 정말 어려운 일이었지. 그러나 나는 차근차근 준비를 하였고, 마침내 세계 일주에 성공하였어.

인물 소개

1926년 황해도 신천에서 태어났고, 인천에서 자랐어요. 초등학교도 인천에서 졸업하였답니다. 어린 시절부터 등산, 운동, 여행을 좋아했던 김찬삼은 대학에서 지리학을 공부한 후, 남구에 있는 인천 고등학교 지리 선생님이 되었어요. 몇 년 후 미국으로 유학을 떠났어요. 그곳에서 아르바이트를 하여 모은 돈으로 세계 여행에 도전하였어요.

김찬삼의 이모저모

시대: 일제 강점기 … 대한민국

생년월일: 1926년 6월 5일에 태어났어요.

태어난 곳: 황해도 신천군에서 태어났어요.

별명: 위대한 여행가, 세계의 나그네

직업: 여행가, 교육인

쓴 책: 《김찬삼의 세계 여행》 등

 우리가 알아야 할 **김찬삼** 이야기

세계를 향해 출발!

　인천에서 자란 김찬삼은 산을 좋아하는 아버지를 따라 어려서부터 등산을 많이 했어요. 중학생 때 김찬삼은 세계 지도를 벽에 붙여 놓고 "마르코 폴로가 서양에서 동양으로 여행을 왔다면, 언젠가 나는 동양에서 서양으로 여행을 떠날 것이다."라고 다짐했대요. 마르코 폴로는 이탈리아 사람으로, 유럽을 떠나 중국 등 세계 곳곳을 여행한 인물이에요.

　세계를 여행하려면 무엇보다 몸이 튼튼해야 하기 때문에 김찬삼은 수영, 등산 등의 운동을 열심히 하였어요. 대학에서 지리를 공부한 김찬삼은 고등학교에서 지리를 가르치는 선생님이 되었어요. 이때부터 세계 여행 계획을 본격적으로 세웠지요.

　1958년 김찬삼은 미국 유학을 떠났어요. 유학 목적은 두 가지였어요. 대학원에서 지리 공부를 하는 것과, 한국보다 여행 준비가 유리한 미국에서 세계 여행 준비를 하는 것이었어요. 미국 샌프란시스코 주립 대학 대학원에 입학한 그는 공부하는 틈틈이 아르바이트를 하면서 여행에 필요한 돈을 모았답니다. 또 신문 등을 통해 여행 떠날 곳의 정보를 모았어요.

　1959년이 되었어요. 여행 준비를 마친 김찬삼은 한국에 있는 아버지에게 세계 여행을 허락해 달라는 편지를 보냈어요. 다행히 아버지는 여행을 허락해 주었어요. 1959년 김찬삼은 미국의 시애틀에서, 캐나다 북쪽에 있는 알래스카로

가는 비행기를 탔어요. 빙하가 많고 자연이 아름다운 알래스카는 어릴 때부터 김찬삼이 매우 가 보고 싶었던 곳이에요. 이렇게 김찬삼의 제1차 세계 일주 여행이 시작되었어요.

시애틀을 출발한 김찬삼의 발걸음은 북아메리카(알래스카와 미국 본토), 중앙아메리카(멕시코, 과테말라, 엘살바도르, 파나마 등), 남아메리카(콜롬비아, 칠레, 볼리비아, 아르헨티나 등)처럼 아메리카 대륙에서 아프리카(이집트 등)와 중동(요르단, 터키, 시리아 등)과 유럽(프랑스, 영국 등)을 거쳐 아시아(인도, 홍콩 등)를 여행하는 것으로 이어졌어요.

김찬삼은 마지막 여행지인 일본을 지나 1961년 한국에 도착했어요. 제1차 세계 일주 여행에서 그가 여행한 나라는 59개국이었어요. 여행에는 약 2년의 시간이 걸렸어요. 그가 이동한 거리는 지구의 3바퀴 반이나 되었답니다. 참 대단한 여행이었지요?

김찬삼의 업적 이야기

김찬삼은 뭘 했을까?

지구 32바퀴 거리를 여행함

김찬삼은 1963년에 제2차 세계 일주 여행을 떠났습니다. 이 여행에선 동남아시아, 서남아시아, 아프리카를 여행하였는데, 1년 7개월이 걸렸어요. 이어 1969년 12월부터 1970년 12월까지 1년 동안 제3차 세계 여행을 했답니다. 이때는 동남아시아 지역과 남태평양 지역을 여행하였어요. 세 차례의 세계 여행을 마친 후에는, 그동안 가 보지 못한 지역을 골라서 10번 넘게 세계 여행을 또 하였답니다. 그는 평생 동안 세계 약 160개국을 여행했고 1,000개가 넘는 도시를 방문했어요. 그가 여행한 거리는 지구를 32바퀴 돈 것과 같아요.

꿈이 있다면 나처럼 잘 준비해서 꼭 도전해 봐!

여행 정보를 알려 주는 책을 씀

김찬삼은 세계 여행을 다녀오면 여행하면서 보고 느낀 것을 책으로 발표했어요. 책에는 그가 여행지에서 찍은 사진도 실었답니다. 그가 쓴 책에는 《세계 일주 무전여행기》(1차 여행), 《끝없는 여로》(2차 여행), 《세계의 나그네》(3차 여행)가 있어요. 또 그는 여행 경험을 총정리한 《김찬삼의 세계 여행》이라는 10권짜리 책을 쓰기도 했답니다. 이러한 책을 통해 사람들은 세계 여러 나라에 대한 정보와 지식을 얻을 수 있었어요.

많은 사람들에게 꿈과 희망을 줌

김찬삼은 한국에 있을 때는 여행책을 쓰고, 여행을 주제로 한 강연을 많이 하였어요. 지금은 사라졌지만, 중구 영종도에 세계 여행 문화원을 만들어 자신의 여행 자료를 전시하기도 했어요. 그의 글과 강연은 한국의 어린이와 청년들에게 감동을 주었어요. '나도 어른이 되면 김찬삼 아저씨처럼 세계를 여행하고 싶다.'라는 꿈을 심어 주기도 하였지요. 실제로 훗날 세계적인 여행가, 탐험가가 된 한국 사람 중에는 어릴 때 김찬삼의 책을 읽고 꿈을 키운 사람들이 있답니다. 김찬삼은 많은 한국인들에게 용기도 불어넣어 주었어요. 당시 한국인이 세계를 여행하는 것은 현실적으로 어려운 일이었어요. 숱한 어려움을 이겨 내고 여행을 마친 뒤 돌아온 김찬삼의 이야기는 '시련을 이겨 내고 도전하면 목표를 이룰 수 있다.'라는 자신감을 주었답니다.

한국의 아름다운 자연을 널리 소개

김찬삼이 세계 여행만 한 건 아니에요. 그는 국토, 즉 우리 땅에 대해서도 큰 애정을 가진 사람이었답니다. 교사로 일하면서 한국의 곳곳을 여행하였고, 여행지에서 보고 느낀 것을 제자들에게 열심히 알려 주었어요. 또 국토에 대해 많은 지식을 가지고 있던 그는 1973년 어느 출판사에서 8권짜리 《한국의 여행》 책을 만들 때, 책의 내용을 알차게 만드는 일에 참여하기도 했답니다.

 **김찬삼**과 함께 보기

김찬삼의 6가지 여행 원칙

김찬삼은 지리를 연구하는 학자로서, 자기만의 원칙을 가지고 세계를 여행했어요. 그의 여행 원칙을 간단히 정리하면 다음과 같아요.

❶ 여행의 목적은 지리학적 연구와 인간 수업이다. 그러므로 실현 가능한 목표를 세우고, 그에 맞게 미리 준비하자.

❷ 건강을 유지하자. 이를 위해 걷기와 맨손 체조를 생활화하자.

❸ 검소한 여행을 하자.

❹ 지리학자로서 땅의 생김새, 농산물, 돌, 흙에 대한 관찰을 가장 먼저 하자. 또 눈으로 보고 몸으로 직접 느낀 것을 카메라에 담자.

❺ 여행 중 아무리 피곤해도 잠들기 전에 여행 상황과 사용한 돈의 내용을 정리하고, 여행한 곳과 길을 지도 위에 표시하자.

❻ 미소를 잃지 말자. 미소야말로 신이 준 최고의 의사소통 수단이므로.

김찬삼이 만난 세계적 인물

슈바이처 (1875~1965) '아프리카의 성인'으로 존경받는 의사

안녕! 나는 독일 출신의 의사인 슈바이처라고 해. 나는 세계적으로 유명한 위인이란다. 1913년 아프리카의 가봉이란 나라에 처음 원주민 치료를 위한 병원을 세웠어. 그 후 평생을 아프리카에서 의료 봉사를 하였지. 그래서 사람들은 나에게 '아프리카의 성인'이라는 별명을 붙여 주었어. 나는 아프리카에서 한 일을 인정받아 1952년 노벨 평화상을 받았단다.

1963년 나는 김찬삼을 만났어. 당시 그는 제2차 세계 여행 중이었어. 아프리카를 여행하던 도중 내가 일하던 병원에 찾아왔단다. 그는 15일 동안 나의 병원에 머물렀어. 나는 김찬삼과 많은 이야기를 나누었는데, 감찬삼은 나와 나눈 대화를 자신의 여행책에도 실었단다.

위인 따라 인천 체험 학습

인천 위인들의 발자취를 한눈에 살펴보아요.
앞에서 소개한 장소 중 대표적인 곳을 가려 뽑았답니다.

● 강화군

❶ 연개소문 유적비   ❷ 강화 고려 궁지

❸ 이규보 묘   ❹ 강화 참성단   ❺ 이건창 생가

❻ 양헌수 승전비, 강화 전등사, 강화 정족산성 진지

● 계양구

❼ 황어 장터 3·1 만세 운동 기념관

● 연수구

❽ 옛날 능허대 자리(능허대지)

● 남구

 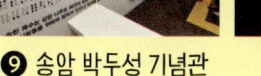

❾ 송암 박두성 기념관

● 남동구

❿ 김재로 묘

더 알아보는 **위인**

우리도 인천 위인이야!

권율 (1537~1599) - 행주 대첩의 영웅

시대 조선

강화군 영동에서 태어났어요. 임진왜란 때의 장군으로, 7년 동안 군대를 총지휘하며 공을 많이 세웠어요. '바다에는 이순신, 육지에는 권율'이라는 말이 있을 정도였지요. 권율의 가장 유명한 전투는 '행주 대첩'이에요. 행주산성에서 권율이 이끄는 조선군과 백성들은 힘을 합쳐 일본군을 크게 무찔렀어요. 그 덕분에 조선의 수도 한성을 일본에 빼앗기지 않을 수 있었어요.

배중손 (?~1271) - 몽골에 맞서 싸운 삼별초 장군

시대 고려

강화도에는 배중손이 강화도 길상면 출신이라고 전해 와요. 1270년 고려는 몽골에 항복하고 임시 수도 강화도를 떠나, 개경으로 돌아가기로 했어요. 하지만 배중손은 삼별초를 이끌며 몽골과 계속 싸우기로 결심했어요. 강화도에서 진도로 옮겨 가 싸움을 계속하던 중, 배중손은 죽고 말았어요.

비류 (?~?) - 인천에 나라를 세운 왕

시대 고대

원래 고구려의 왕자였어요. 어느 날 고구려 왕 주몽의 첫째 아들 유리가 찾아오자, 왕위를 잇기 어려워졌어요. 비류는 동생 온조와 함께 고구려를 떠났어요. 비류는 인천에 미추홀을, 온조는 서울에 십제를 세웠어요. 그런데 미추홀은 땅이 너무 습하고 물이 짜서 나라의 기틀을 다지기 어려웠어요. 결국 비류는 병이 들어 세상을 떠났고, 비류의 백성들은 온조를 찾아갔어요. 온조는 비류의 백성들을 받아들였고, 나라 이름을 십제에서 '백제'로 고쳤답니다. 이처럼 비류는 고대 인천에 나라를 세우고 초기 백제 발전에 영향을 주었어요.

이동휘 (1873~1935) – 젊은 시절 인천에서 활동한 독립운동가

시대 조선 ⋯▶ 대한 제국 ⋯▶ 일제 강점기

함경남도 단천에서 태어났어요. 군관 학교를 졸업하고 강화도에서 군대를 이끌었어요. 민족 교육을 위해 인천에 합일 학교(지금의 합일 초등학교), 보창 학교(지금의 양도 초등학교)를 세우기도 했어요. 1907년 일본에 의해 군대가 강제로 흩어지게 되자, 강화도 전등사에서 의병을 일으키려다가 체포되었어요. 그 후 신민회에서 활동하는 등 독립운동을 계속하다가 1911년 다시 체포되었어요. 인천 앞바다의 무의도에서 1년 동안 유배 생활을 했지요.

1913년부터는 주로 외국에서 활동했어요. 북간도와 러시아에서 독립운동에 힘썼지요. 1919년 상해에 대한민국 임시 정부가 세워지자 국무총리가 되었어요. 그 후로도 여러 독립운동 조직에서 활동하면서 일본 지배에 맞서 싸웠어요. 그러다 1935년 심한 독감에 걸려 러시아 땅에서 눈을 감았어요.

정희량 (1469~?) – 인천 서구 허암산에 머물렀던 인물

시대 조선

올곧고 바른 선비이자 관리였어요. 조선 제10대 왕인 연산군은 나라를 잘 다스리지 않고 포악한 일을 자주 하였어요. 이때 정희량은 연산군에게 임금이 해야 하는 열 가지 덕에 대한 상소★를 올렸어요. 1502년, 2년 뒤에 나라에서 많은 선비가 죽는 사건이 일어날 것을 미리 알고 집을 나갔어요. 몸을 숨기고 이곳저곳을 떠돌며 살았는데, 인천의 허암산에서도 머물렀어요. '허암'은 정희량의 호랍니다.

★ **상소** 나랏일에 대해 잘못된 점을 알리고자 임금에게 올리던 글

인천 위인 찾기

고유섭	102	심혁성	84
권율	114	양헌수	60
근초고왕	18	연개소문	26
김구	78	유금필	34
김재로	52	이건창	70
김찬삼	104	이규보	42
단군	10	이동휘	94, 115
박두성	88	이인로	48
배중손	114	정희량	115
비류	114	조봉암	96

사진 출처

국립중앙박물관_ 47p / 《동국이상국집》 48p / 《파한집》

국립한글박물관_ 93p / 《한글 점자》 표지·내지

문화재청_ 14p / 단군 영정 57p / 《승정원일기》 59, 113p / 김재로 묘 77p / 강화 사기리 탱자나무

셔터스톡_ 93p / 점자 읽는 모습

연합뉴스_ 33, 113p / 연개소문 유적비 41p / 유금필 사당 50, 113p / 유영각 50p / 사가재 95, 113p / 송암 점자 도서관 103p / 조봉암 묘역

위키피디아_ 17, 113p / 참성단(Ssnm1015) 17p / 삼랑성(Jjw) 23p / 이소노카미 신궁 50, 113p / 이규보 묘(Jjw)

한국관광공사_ 25, 113p / 능허대지 공원 전경·표지판 25p / 능허대지 분수·선박 모형 33p / 고려산, 강화 역사 박물관, 강화 부근리 지석묘 38p / 백령도 41p / 부여 가림성 느티나무 51, 113p / 강화 고려 궁지 궁궐터, 강화 동종각, 외규장각 51p / 외규장각 전시실 59p / 소래 포구, 소래 습지 생태 공원 68, 113p / 양헌수 승전비, 강화 전등사 69, 113p / 강화 정족산성 진지 사진 3개 77, 113p / 이건창 생가 85, 113p / 황어 장터 3·1 만세 운동 기념탑·기념관 내부 86p / 인천 대공원 입구 87p / 백범 김구 기념관 동상·전경, 백범 김구 선생상

한국학중앙연구원_ 95, 113p / 박두성 동상

지학사아르볼은 이 책에 실린 사진들의 출처를 찾기 위해 최선을 다했습니다.
혹시 잘못된 정보가 있다면 연락 주십시오. 다음 쇄를 찍을 때 꼭 수정하겠습니다.